思想觀念的帶動者
文化現象的觀察者
本土經驗的整理者
生命故事的關懷者

心靈工坊
[PsyGarden]

GrowUp

愛的開顯就是恩典·
心的照顧就是成長；
親子攜手·同向生命的高處仰望·
愛必泉湧·心必富饒。

6-9

歲孩子

Understanding 6-7-year-olds
Understanding 8-9-year-olds

為何喜歡裝大人？

了解你的孩子系列

作者　柯琳・艾維斯（Corinne Aves）
　　　碧蒂・由耶爾（Biddy Youell）
譯者　楊維玉　　審閱　林怡青

目錄

目錄

【推薦序】

愛他，就從「了解」他開始

林怡青（台灣精神分析學會會員／精神科專科醫師）

在審閱「了解你的孩子」這一系列書籍的三年過程中，我的小孩一個正在經歷小學階段，另一個孩子則從襁褓期進入學齡前階段，因為當媽媽的實際需要，坊間各式各樣關於教養的書籍，我都有所涉獵，因而注意到許多書上對各階段孩子的觀察，有些太過單向思考，或者說太過著重在孩子身上，以致於常常忽略了孩子瞬間的情緒行為表現，它可以代表許多不同的面向：可以代表孩子單方面的情緒狀態；也可能是照顧者與孩子互動的結果（比方說照顧者當下覺得孩子是故意來找麻煩的，於是就將孩子當成對抗者一樣來修理，結果使得孩子更加情緒化）；更可以是母親或照顧者的主觀感受（比方說照顧者覺得孩子太調皮，但老師或周遭的長輩們或許都覺得他很懂事而且還帶些害羞呢）。事實上，母親（照顧者）這個人無論是在價值觀、情緒成熟度、個人特質，以及與過去照顧她的人（如外婆外公）的互動模式，對於教養出什麼樣的小孩以及孩子的情緒發展都會造成很大的影響。而這套書對於不同階段孩子的心理與情緒狀態的描

述，沒有太多的論斷或建議，反倒是著重在提供照顧者一種多元的思維，特別是關於孩子獨特的、甚至是可能與一般觀念相反的潛意識表達，這對於處在母職現在進行式的我而言，真可說是一帖良藥。

本書也一再提醒讀者在教養孩子時，應多方面地理解他們情緒、行為背後的原因，在孩子聲嘶力竭的哭泣或是生氣的背後，可以是難過、嫉妒、思念、焦慮、壓力或是憤怒等不同的感受與想法，而並非只是一個「有夠情緒化的磨娘精」或是用「情緒障礙」、「過動兒」、「高功能自閉症」等診斷名稱來代表一切的孩子。我也漸漸發現，在與孩子相處的過程中，母親要適度發揮想像力加上思考力來理解孩子（作者們常常鼓勵媽媽們，要回想自己和孩子年齡相仿時的感受與記憶），而這正如同英國分析師比昂（Bion）所強調的，母親在幫助孩子心智發展過程中「隨想」（reverie）的重要性——母親要能將原先無法被孩子思考的內容轉變為可以被思考的思想，再回饋給孩子。

從這些點點滴滴中我深刻體會到，「了解」真的是親子相處時最重要的歷程。但是，如同心理治療師要了解個案並不容易，同樣地要了解自己的孩子也絕不會比較輕鬆。孩子變化的速度很快，明明三個月前還能穿的衣服，怎麼一下子就不能穿了；明明昨天還管用的理解，怎麼今天就失效了。套用精神分析的語言就是：作為孩子情緒容器的母親，你對孩子的了解與想法也必須時時做調整。而這一套書對各個年齡層的孩子（零到十四歲）不同

心理狀態的詳盡介紹，可以協助我們用一種「淡定」的心情來理解自己的寶貝。

「了解你的孩子」這套書是由英國倫敦的塔維斯托克診所（The Tavistock Clinic）內許多資深的兒童與青少年心理治療師聯手完成的。沿襲著該機構推動社會預防與心理衛生的宗旨，該套書因應時代的變遷而數度改版，這次為第三次重新撰寫；前兩次分別於1960年與1990年出版、這次則於2004年出版。每次出版時，作者們都會依據他們當時所做的無以數計的嬰幼兒觀察和經歷過的臨床現象來重新描繪何謂「正常的發展」。本系列後兩本書所介紹的是學齡期到青少年的階段（六歲到十四歲）——在此時期，自我的發展不斷透過學習而開展；孩子們十分在意自己是否為同儕所接納，小團體因而形成；是非對錯及公平性在此階段格外重要；九歲開始進入青春期前期，父母開始感受到孩子們不再是昔日那個小男生或小女孩；十二歲之後更明顯地，孩子在許多觀念與想法上都刻意與父母有所區隔。除此外，本次改版已提及一個直到目前仍一直在發燒的議題，那就是「網路及3C時代的來臨對孩子的影響性」，由此觀之，這套兒童情緒發展的書的確跟得上時代的潮流。當然，孩子的心理與情緒發展除了受到時代變遷的影響外，台灣與英國文化上的差異，也會讓我們在看到書中所描述的孩子時會產生些許陌生感，譬如兩國之間學齡兒童課程安排的不同、學制不同、青少年次文化更是非常不同，而且似乎隨著孩子年齡的增長，跨文化之間的行為差異會變得更大。

　　但其實作者們強調，內在情緒的本質並未有所不同。比如，由於毒品的取得在英國國內不是太困難，許多十二到十四歲的青少年會有酗酒，以及接觸嗎啡、大麻等毒品的經驗，但作者說「這類行為的背後常常是為了要逃避壓力與衝突，尤其當這些衝突是因為不快樂、無能為力和自卑感所引起……」（《10-14歲青少年，你在想什麼？》第六章）。在台灣，青少年的毒品氾濫問題也許不如歐洲嚴重，但日益增多的「懼（拒）學症」青少年，與濫用毒品的英倫青少年正好有類似的內在情緒狀態。此外，書中內容雖是以英國孩子為主，但許多跨文化的相似現象，例如日益增加的單親家庭對不同階段孩子的影響，在這一套書中也著墨不少，對有相似經驗的台灣媽媽讀者來說，應該會覺得格外有收穫。

　　正如兼具兒童精神科醫師與兒童精神分析師的美國知名特殊兒童療育專家史丹利・葛林斯斑（Stanley I. Greenspan）醫師所強調，情緒培育是孩子學習與發展其他能力的基石，嬰兒早期的情緒認知發展也是在以互動關係為基礎下而開展的。因此，愛他，就從了解他開始。沒有一個母親不希望自己的孩子是健康快樂的，但如果孩子的快樂是奠基在母親是否願意花心思去了解並看見孩子的獨特性、真實需求與他們內在時而快樂時而擔憂的脆弱情緒呢？沒有一個母親希望看到自己的孩子落後同儕，但如果成績與才藝表現優異，並未與孩子內在的快樂、喜悅與自信成正比呢？也許，許多母親會跟我在接觸「嬰幼兒心理衛生」的概念

之前一樣，只期待孩子的內在情緒快樂正向，而不想接受和害怕
孩子可能會有擔憂、害怕、敵意、自卑或是對母親具有攻擊性
（但卻是正常的情緒發展現象）的負面情緒及行為。有趣的是，
一旦這些負面的情緒可以為母親所理解與接受，孩子就會感到無
比的放鬆與放心。

　　如果，看了以上的文字可以讓你產生一些共鳴的話，那麼，
請翻開這套與眾不同的書，細細品味它，必定會讓你有滿載而歸
的感覺。

【前言】

塔維斯托克診所在訓練、臨床心理健康工作、研究和學術上有相當卓越的成就，享譽國際。塔維斯托克成立於1920年，從歷史可看出它在這個領域所做的突破。起初塔維斯托克的目標是希望其臨床工作能夠提供以研究為基礎的治療，以之進行心理健康問題的社會防治與處理，並且將新的技巧教給其他的專業人員。後來塔維斯托克轉向創傷治療，以團體的方式了解意識和潛意識的歷程，而且在發展心理學這個領域，有重要的貢獻。甚至對圍產期（perinatal，註）的喪親哀慟經驗所下的功夫，讓醫療專業對死產經驗有更進一步的了解，也發展出新的支持型態去幫助喪親哀傷的父母和家庭。1950和1960年代所發展出來的心理治療系統模式強調親子之間和家庭內的互動，現在已經成為塔維斯托克在家族治療的訓練和研究時的主要理論和治療技巧。

「了解你的小孩」系列在塔維斯托克診所的歷史佔有一席之地。它曾以完全不同的面貌發行過三次，分別是在1960年代、1990年代和2004年。每次出版時，作者都會以他們的臨床背景和專業訓練所觀察到和經歷過的特別故事來描繪「正常的發展」。當然，社會一直在改變，因此，本系列也一直在修訂，期望能夠使不斷成長的小孩每天在和父母、照顧者以及廣闊的外在世界之間的互動內容呈現出應有的意義。在變動的大環境之下，有些東西還是不變的，那就是以持續不間斷的熱情，專注觀察小孩在每

個成長階段的強烈感受和情緒。

　　本書第一篇將持續那個錯綜複雜的故事，來呈現已經以戲劇化方式展開的人類心智發展過程。與本系列當中前幾冊的闡述串聯起來，對於這一冊的內容關於孩童發展過程的描述將更趨於完整和易於理解。我們現在可以很清楚地知道，發展不僅是向前展望，也需要往後回顧，與過去的經歷連結。

　　就某個層面而言，六、七歲的孩子偶爾仍會退縮到年紀較小時的狀態，但整體來說，就如同本書裡所描述的，他們在態度、舉止上的種種都不斷在成熟中。在失去乳牙這樣一個震撼畫面發生的同時，孩童在精細動作上的協調與平衡也正迅速發展著，例如，獲得繪畫、書寫方面的技巧，同時也在整體快速地持續累積知識。這樣快節奏的諸多變化，有時必然會讓人感到難以承受，在本書中會鉅細靡遺地探討因此所造成的困擾與焦慮。在長大成熟的過程中，我們看到孩子從幼稚園畢業，進入小學低年級，然而無可避免的騷動和混亂也會隨之發生。

　　第二篇內容著重在八、九歲的年紀，通常稱之為「潛伏期」的階段，在這個時候，孩子慢慢減少對家庭的依賴，且對外界表現出相當濃厚的興趣。

　　孩童在這個年紀開始發展是非對錯的觀念，所關心的公平性通常都是非黑即白的情況，且開始對環境保護或改變世界等議題展現出熱切的關注。他們也常常喜歡透過書籍或影片來探討神祕和想像的世界。

　　本篇作者碧蒂·由耶爾（Biddy Youell）熟練地描述出八到九歲孩子的發展階段，並提供家長們和其他兒童相關專業人士許多適切且清楚的建議。

強納森·布萊德里（Jonathan Bradley）
兒童心理治療師／「了解你的小孩」系列總編輯

註：**圍產期**，指的是圍繞在新生兒出生前後的那段時間，包括產前、生產和產後，通常指懷孕第七個月到新生兒出生後第一週的這段時間。

楊文卿／攝影

——第一篇——

似懂非懂的小大人

6-7歲幼童

文／柯琳‧艾維斯（Corinne Aves）

【介紹】

> 「敲敲門、敲敲門。」
>
> 「門外是誰？」
>
> 「是雪莉……」
>
> 「誰是雪莉…？」
>
> 「你現在不就知道我是雪莉了呀！」

沒有任何其他描述比「敲敲門」這個笑話更能生動地描繪出六、七歲孩子的幽默感。這個前後不連貫的笑點讓熟悉的事物看似不熟悉了。在這個笑話中，門外的那個人並不認識任何「雪莉」，但這跟雪莉一點關係也沒有……而是一個對方已經認識很久的人，在此時換了一個不同的名字。

在這個年紀，世界看起來充滿許多新奇的可能性，孩子就像站在這個通往花花世界的門口。他們在學校的發展越來越穩定，一面學習一面純熟運用許多新的技巧。在許多方面，孩子已經可以獨立處理很多生命中發生的事物，但是在面對生活中一些常見的壓力時，還是需要家人的強力支持。或許對他們而言，現階段最重要的課題是找到可以捨棄孩子氣的方法，進一步去探索在童年中期會遭遇到的驚奇挑戰。

孩子天生的求知精神和想像力會讓學校中進行的許多正式活動更加充裕豐沛。平凡一天當中的經歷，對孩童而言，常是豐富

且充滿意義的，但仍會因不同孩子的不同性格而形塑出不同的樣貌。對家長來說，要同時能夠對孩子的生活保有適當的連結與掌控，還要允許孩子能有足夠的空間以便發展與他人的新關係，是相當具有挑戰性的。如果父母能夠暫停一下，重新看一眼孩子，就如同在情緒面上站遠一點看孩子，然後再一次審視孩子的發展過程，就比較容易想像在孩子眼中的世界是個什麼樣子。每一個家長都曾經是個小孩，因此自己在六、七歲時的記憶，其實是了解這個階段的孩子最有價值的參考資源。另一方面，孩子一定和父母是不同的個體，他們的人格特質不僅是獨一無二的，也會受到現今科技和媒體的影響，二十一世紀的發展，孩童只要安坐家中，就可以知曉天下事，這可是在數個世代以前所無法想像的。

　　在孩子發展和成長的過程中，在情緒上，不論是家長與孩童都會有著混雜的感受，因而需要有所調整。這便是本篇主要討論的議題。從家長的角度出發，能夠協助孩子發展新的技巧與能力，例如，閱讀或算數，可以為父母帶來無比的滿足感。在此階段，孩子的思考模式會較為複雜，對於時間和空間的掌控能力也較好。生理上的技巧和協調急速地進步，他們可以更加好好照顧自己，有能力自行完成更多的工作，如穿衣洗澡，以及慢慢擁有新的關係和友誼，而這些事物的重要程度也逐漸提升，讓家長能夠擁有更多的自由做想做的事情。通常父母會因為孩子的這些成長而感到驕傲，也會因為孩子不再像以前那樣依賴自己和需要自己，而覺得有點難過。從孩童的角度來說，現在這個時刻，是有

必要將對家庭關係的熱衷暫時放在一旁。孩子現在要面臨的挑戰是，如何將過去的經驗先收藏起來，那個過去的經驗可以比喻為像是從家中帶來的一個午餐便當，這個餐盒提供的是內在的食糧，讓他們能夠面對學校的學習、與他人建立關係和試著適應更寬廣的世界等各種不同的困難時，還能夠繼續的往前行。

就孩子在發展上的飛快速度而言，很難相信這就是才剛剛開始上小學的那個小孩。一個媽媽曾經用「過了六歲後就是十六歲了」來形容自己的女兒，而且她甚至開始想像女兒是個小大人，是個小小的青少年了。所以，提醒自己六歲其實只是成年之前的三分之一時光罷了，是挺有用的一個方式。在本篇中另一個討論的主題是，此階段孩子的這種緊張感——覺得自己已經不是小孩，但又還沒有成為成熟的大人的感覺：一個六歲的孩子可以簡潔地形容成「最小的大人」。我們要時時記得，六歲孩子的能力其實是像紙一樣的薄弱，隨時都有可能被生活中普通的壓力或挫折所穿破。

在過完六歲生日直到八歲生日的這段期間，孩子的思考方式會逐漸由以為事物均可以神奇的完成，而轉變成用較為理性和邏輯性的方式來看待世界。他們開始了解，成功並不是僅僅靠著魔法便可達成，相反地，是需要付出許多努力的，而這一方面可以讓人享受其所帶來的樂趣，另一方面則明瞭到失敗的壓力和恐懼也會伴隨而來。孩子們會透過語言、遊戲和角色扮演來描繪和展現自身的經驗，且利用這項日漸增長的能力和想像力，來調整

前面所提到的現實生活和成就在此階段對他們所造成的吸引力。若老師能夠摸透這個年紀孩子的調性，便可以透過創新的課堂活動引導出他們較為成熟的一面，以調和自我較為幼稚的那一面。很多受過訓練的小學老師都覺得教導六到七歲的學生特別有成就感，因為這群孩子在學習不同的技巧與知識時，展現出相當豐富的想像力和熱情。

　　這篇的主要目的在於描繪六、七歲孩子所經歷到的多種面向，探討這個年紀的孩子會擁有哪些典型的衝突，而這些衝突部分是與家長有關的。當然，有些會與五歲，或甚至八歲以上的孩子的經歷有所雷同，畢竟，每個孩子都是單獨的個體，成長發展的速度也不盡相同。基本上，我們所討論的是在童年中期的開端，這段時期有時也被認為是「潛伏期」。若孩子能夠在家中得到足夠的支持，這時的發展、學習和統合便會相當穩定。

　　為了清楚地描述，在本篇中老師或家長通常以女性為代表，但描述的內容並不侷限於單一性別，也包括父親、主要照護者以及男女老師。

林柏偉／攝影

林柏偉／攝影

第一章

我要趕快長大

在本章當中，我們要了解六到七歲的孩子

如何發展出新的方式來與世界建立關係。

當他們看待事物的觀點改變了，

他們對於學習、理解和表達自身經驗的能力也會隨之進步。

在這個階段，他們本身某些能力的發展也逐漸在成熟中，

例如，發現語言的奧妙、開始懂得抽象思考、

取得身心的平衡、了解是非對錯，以及能夠分辨現實與想像。

其中學騎腳踏車的案例充分顯現了六到七歲孩子的典型特徵，

唯有他們心理準備好勇往直前，

且身體肌肉也能運用自如時，才有可能學會騎腳踏車。

當你在六到七歲的時候，試著理解自己是誰是件相當重要且一直在進行中的工作。雖然相較於容易觀察到的外在變化，內在的變遷顯得較不明顯，但事實上生理和心理的改變是攜手同進的。

在本章當中，我們要了解六到七歲的孩子是如何發展出新的方式來與世界建立關係。當他們看待事物的觀點改變了，他們對於學習、理解和表達自身經驗的能力也會隨之進步。

在六歲生日和八歲生日之間，孩童的成長有很大幅度的發展。原本搖搖晃晃、令人忍不住想要抱抱的小小孩模樣，逐漸變得較為茁壯。從門牙開始，乳牙逐漸掉落，但要用一輩子的恆齒卻又還沒有完全長好，看起來就好像有個間隙尚未填滿。在心理層面上，由乳牙所代表的嬰孩時期已在身後，但成人時期卻尚在遠方。在這兩者之中，還有許多的學習需要完成。孩子們正在發展協調與平衡，需要精細的動作技巧——如書寫和繪畫，並用驚人的速度累積知識和訊息，吸收多方面的經驗，包括社會化和智力上。這些都有可能帶來壓力和負擔，此時，便需要較敏感的大人提供支持。

孩子們會與其他人比較，即使我們很希望說服他們不要這樣做。競爭與對抗都是人類天性，而且這個年齡層的孩子很努力地想要與他人一樣。有些會希望在某件事情上成為頂尖高手，而這也會伴隨對「做不到最棒」的擔憂，或是害怕失敗而不願意冒險。相較於學步期那種「我會做這個」的過度自信態度，這個時

期則要慢慢習慣於生命當中必須下定決心和一分耕耘一分收穫的道理。這階段的孩子們需要許多富有同理心的鼓勵，來協助他們面對困難時仍能不屈不撓。

發現語言的奧妙

具有討論事情的能力，與利用對話來表達想法和意見都是了不起的資產。語言是了解其他人和讓別人了解自己的一種工具。若一直以來都有人願意傾聽、關心和理解自己，孩子會詢問許多各種有趣的問題，清楚利用口語表達出新奇的意見。一旦開始享受語言的奧妙，他們所說出的話語，常常會傳達出遠超過字面的意思。

亨利是個害羞且嚴肅的六歲男生，在長假結束後，他尚未收心也無法適應學校中的例行作息。他正開始適應自己身為「最頂極的嬰兒」的新狀態，以及要應付新教室和新老師。下課後亨利感到非常疲倦，話也說得很少，但是在放學回家後的點心時間，他會主動告訴父母關於學校建築物的新知

貼心小叮嚀

父母願意傾聽孩子說話時，孩子會問出各種有趣的問題。爸媽不用擔心被考倒，其實他們並不是真的想知道正確答案，只是想和大家分享自己對於世界的好奇疑問而已。

識。「你知道嗎？」亨利跟爸媽說：「我在集合教室時，並不知道資源教室在哪裡……我甚至不知道我們學校有二樓耶！」亨利對於自己進入一個大世界的認知，可從這個簡單的描述中一窺究竟，他的爸媽覺得亨利不只在學校裡找到了新資源，也在自己身上有著同樣的發現。

六歲亨利的典型傾向，是他在其他場合中迫不及待地不停問著讓父母快要抓狂的問題，例如：「我真的就是不懂！人類到底是從哪裡來的？」家長不知道他問的到底是一個有關於地理的問題，還是關於生物，或者是人類之間的關係。有一次，亨利問：「到底直昇機是怎樣保持在空中的？」父親試著以詳細的解釋來回答，但發現亨利的注意力很快就轉移到其他的事物上。或許，對亨利來說，他只是和大家分享自己對於世界的好奇疑問，而非真的想要了解其中的科學原理。

六、七歲的孩子開始發現語言可以用來傳達複雜的想法。可以用譬喻，或是直接傳達字面上的意思，讓自己在交朋友的時候，或是在分享笑話和想像遊戲時變得容易許多。當然，在負面情緒的主導下，語言也可能被恣意操控或作為傷害的工具。這個年紀的孩子會發現某些用來咒罵他人的用語，且將這些視為危險、刺激和絕對禁止的。他們知道自己不應該說出這些詞句，可是他們會想要挑釁和測試看看大人們的反應。

開始懂得抽象思考

大約七歲左右，孩子的思考方式在發展上會有顯著的變化。抽象思考變得比較可行，他們也越來越能理解，舉例而言，「3」不僅僅可以用來代表三件事情，還會有其他許多跟「3」有關的想法，可以在心中把玩這個數字，和其他數字一起加加減減。大人們把這個過程稱之為「心算」，很少有機會停下來思考這個過程其實是一個多麼精細的運作模式。

這個年紀的孩子也開始建立數字「位值」的概念，他們現在必須記住3實際上也可以是30或300，完全要看3這個數字是放在「個位數」、「十位數」，還是「百位數」的欄位上。通常若是能將抽象的想法與已熟知的事物做連結，事情就會容易許多。當莎芭和媽媽一起算算術時，她告訴母親：「個位數就像——沒有很多，像妳留在家裡的時間。」對莎芭而言，「個位數」讓她聯想到在家裡，自己只是兩個小孩中的一位，而「十位數」與「百位數」則讓她想起在學校的時候。莎芭的思考方式顯示出孩童是如何將抽象概念與自身心中已經存在的經驗做連結，也就是將抽象概念具體化。當孩子可以感受到他們最喜愛和最關心的人是會想著自己、願意傾聽自己的時候，就會更加速地學習。也因此，和家庭有關的擔心或憂慮，都可能會耽誤孩子學習的發展。

孩子對於世界的理解是藉由許多的練習所形成的，衡量許多不同事物的練習，能幫助他們開始建立自己對於空間和時間的

概念。高度和長度的衡量是
簡單易懂的，但非得等到約
七歲的時候，孩子們才能夠
開始理解體積和容量等的概
念，因為需要同時考慮兩個
象限，換句話說，也就是需

要三維空間的思考。孩子在這個階段較能夠了解液體的體積是不
會改變的，即使是從一個容器倒到另外一個形狀不一樣的容器當
中。相同地，若有兩個一樣大小的彩色黏土所做成的球，孩子們
知道如果把其中一個桿成像香腸一樣的長條型，也不會改變黏土
的重量。年紀較小的孩子可能會專注在一個象限，例如容器內液
體的高度，或是像香腸一樣長條型黏土的長度；但是年紀較大的
孩童會知道，要是沒有添加或減少任何的材料，整體的體積是維
持不變的。若孩童覺得能夠安全地在遊戲當中進行這樣的實驗或
嘗試，這個思考上的發展就會在適當的時候產生。就情感層面而
言，這樣安全感的來源是當孩子在家庭、友情和課堂之間試著適
應不同的社交環境時，仍可以感受到關心他們的大人們在心中用
一種有彈性的方式來記得自己和想著自己。處在不同的情境下，
孩子承受著不同的期待，他們可以經歷到即使來回於這些不一樣
的環境之間，自己仍擁有一個較為一致的自我。

　　社交互動的理解，或同理他人，在六到七歲孩子的思考和
學習能力上扮演著相當重要的角色。當他們為了要了解其他人而

運用想像力，設身處地為他人著想的時候，便可以有意義地擴展自己的經驗。同理心是結交朋友和維持友誼的要素，因為這是了解他人生命和文化的一部分，這也意味著去了解同樣身為人類的感受。但絕大多數六到七歲的孩子只能在一天當中的某些時刻是具有同理心、能夠彈性思考的。當他們覺得疲倦時，要求孩子從自身以外的角度來思考事物，他們就會表現出較為煩躁、執拗的態度。大衛・麥基（David McKee）所著《兩隻怪獸》（Two Monsters）這本有趣的小書便是探討這個主題，書中描述兩隻怪獸分別住在山的兩邊，這座山是他們無法眼對眼地互相注視對方的障礙，直到他們因為瑣事吵了起來，拿石頭互丟後把阻隔他們的山頭夷為平地。最後這兩隻怪獸看到，原來自己和對方比以往所知還要有更多的共同點。

　　這個年紀的孩童的確開始了解到事情可以有不同的看法。在一個用來了解在這方面發展的測試當中（很巧合地，這個測試裡也有一座山），心理治療師讓七歲的威廉面對一個立體的模型，這個模型就像一座山，山的另外一邊放置了一個玩偶，面對著威廉；治療師要求威廉描述放在山頭另一邊的玩偶看到的情景。威廉覺得這是一個非常困難的任務，直到他發現最好的方式就是把模型轉過來，讓玩偶和自己在同一邊，玩偶看到的情景就跟自己所看到的一樣。威廉在這個測試裡所採用的解決方案便是孩童如何開始了解新事物時會用的典型方式。在了解新事物時，我們都會將其和已知且熟悉的事物做連結，這樣一來，在面對新的狀況

時，所擁有的過往經驗便會影響我們對新事物的期待。因此可以
理解，孩子與老師的互動方式便是來自他們過去的經驗當中最了
解的大人，也就是父母親；而與同學的相處模式，一開始是根據
以往在家裡所驗證可行的關係，如有兄弟姊妹的孩子，便會把同
學們視為手足。

▌建立身心的平衡感

　　孩子們需要擁有生理和情緒上的平衡感，才能學會騎腳踏
車，也可類比為孩子在學著更獨立的過程中，會遇到各種不同的
困難需要去平衡的議題。學會如何騎兩輪腳踏車是個重要的成長
儀式，精通熟練這項技巧的孩子，才能夠和其他年紀較大的孩子
們共處而不會覺得羞愧。從另一方面來說，當驅使離開父母親軌
道的推力加速時，家長們往往會覺得自己有點像遭到丟棄的腳踏
車輔助輪。為了能夠騎好腳踏車，孩子們需要學會許多不同的技
巧：要知道腳踏車的運作方式，以及要如何協調自己的身體和心
理。在心理層面，孩子要能夠容忍挫折失敗和困難，以及最重要
的，接受大人們的幫助。而最為重要的是，孩子需要放棄一個想
法，那就是認為所有的技巧只要簡單地衷心期盼著就可以神奇地
獲得，這樣的改變會在他們心中激起混雜的情緒感受。

　　潔瑪一直看著八歲的哥哥和他的朋友們騎腳踏車，她認為這

件事情相當容易。潔瑪的媽媽曾經帶她到公園拿掉輔助輪，練習騎腳踏車，但是潔瑪不喜歡當自己起步的時候，媽媽在後面幫忙扶著腳踏車。可以想像的是，潔瑪發現要踩踏板和掌控車把手，同時還要保持平衡，是非常困難的。她有點搖晃，還跌倒了好幾次，但她似乎認為是媽媽害自己無法取得平衡的，因為媽媽沒有用正確的方式幫她。媽媽覺得自己僅是扶著車尾幫女兒而已，但潔瑪卻認為媽媽是在阻擋自己。潔瑪對於母親的怒氣似乎是由自己酸痛的膝蓋和手肘所引發的，她不願意接受安撫，反而選擇將受傷的感受發洩在媽媽身上。媽媽看得出潔瑪正在受苦，於是只好忍受自己被認為是沒有幫助的。

　　經過不少的討價還價、努力不懈和許多次到公園的練習，潔瑪終於能夠自己掌控腳踏車。像許多孩子一樣，潔瑪需要一、兩個星期冷靜一下，才能從無法馬上學會騎腳踏車的羞愧經驗中恢復。一旦能夠掌控騎腳踏車的技巧時，潔瑪就變得更有自信了，她喜歡騎車時自由的感覺和速度帶來的愉悅感。隨著自我的成長，潔瑪對於母親的怒氣很快消失了，微妙地改變了母女之間的關係。全家四個人一起騎腳踏車旅遊成為有趣的週末活動。然而，衝突尚未完全消失，因為潔

貼心
小叮嚀

當孩子在學習一項新技能時，必須要做好心理準備，就是要能夠忍受挫折失敗和困難，更重要的一點是要能夠適時地接受大人們的幫助。

瑪決心要成為騎第一的那一個，尤其是要在每一次的比賽中都贏過哥哥。

了解是與非

　　基本上，孩子們現在已經知道，什麼時候自己是在假裝，何時不是，且在這個過程當中發展良好的現實感。在這個年紀，他們較能夠說出實話，能夠分辨事實與謊言的差異。當一個五歲孩子表示謊話是一種「調皮的故事」時，他／她的哥哥已經知道謊言就是「沒有說出真話」。這是一個重要的差異，表示較為成熟的孩子認為說謊是一種選擇，也表示另一種想法：暗指著孩子們知道可以藉由觀察證據來找出事實真相，而不同的感受也是尋求真相的一種方法與證據。

貼心
小叮嚀

　　當五歲的弟弟表示謊話是一種「調皮的故事」時，六歲的哥哥已經知道謊言就是「沒有說出真話」，這表示成熟的孩子認為說謊是一種選擇。

　　對孩童而言，在這個年紀能夠分辨是非是相當重要的。他們會透過不同的方式來練習如何釐清對錯，包括和其他人一起玩遊戲，或是自己玩玩偶的時候，以及透過自己喜歡的故事或影片來了解。對於道德相關問題的了解，是人際合作

的基礎，這個年齡的孩子們會希望融入團體當中，或是被其他人所接受。但是這個過程相當複雜，還混雜了眾所皆知的愛與恨的情緒。無可避免地，每個人偶爾都會有生氣、覺得受傷和粗魯的衝動情緒。身為大人，我們通常知道這些情緒的本身，是不會傷害到其他人的。但是對孩子而言，當事情不順利的時候，他們會責怪自己。這個邏輯就好像：我有不舒服的感覺，所以我是壞小孩，而且我會讓不好的事情發生。要是此時真的發生如父母離異或是兄弟姊妹生病的情形，六、七歲的孩子會懷疑到底是誰的錯，才會造成這些不幸的事情發生，而且傾向於責怪自己。

能夠分辨現實與想像

在這個年紀，孩子很容易穿梭於理性與想像的世界之中，他們對於自己的身分認同仍然相當模糊。有許多不同類型的兒童，有些熱衷於事實、數字、規則和資訊，有些在氣質上則是傾向於具有創造力、想法和懂得假裝。基本上來說，這兩種不同的類型可以在不同的時間點上，在同一個六歲孩子身上看到。舉例來說，亨利一會兒充滿好奇心，但不一會兒，他又可以專心思考著。有一天早上，亨利正在檢視一個裝著背心包裹的名牌，有點嘲笑地說道：「這是什麼？兩件沒有袖子的背心？嗯，你要怎樣才能穿上去呢？」亨利過於強調字面上的意思，且相信媽媽幫他

買了幾件沒有袖口可以把手臂
伸出去的背心。這樣的誤解也
可能源自於亨利想要像爸爸一
樣，亨利爸爸總是帶著社會批
判的角度看事情。

　　過於強調字面上的意思倒也不是太糟糕，不過若是孩子太過
於沉溺於自己的世界裡，家長可能會有點擔心。卡蘿‧迪格瑞‧
雪德（Carol Diggory Shields）所著的給六歲兒童看的有趣故事
書，書名為《我真的是一位公主》（I Am Really a Princess）。
這本書描述一個堅持自己是一位公主的小女孩。她堅持自己不應
該要整理房間，也不需要禮讓還是嬰兒的弟弟。故事當中，這位
女英雄豪傑的父母很仁慈地容忍她的幻想到某個程度，就像許多
家長一樣，採用暫時不懷疑的態度。但是到了孩子六或七歲的時
候，就會期望應該要出現較多符合現實的行為，另一方面，某種
程度有創意的扮演行為會讓孩童的個性增添魅力，讓其他人喜歡
和他們往來做朋友，而家長通常也樂於贊同並且配合孩子們想像
中的魔法。一個小孩的生活是無法完全脫離想像和童話故事的，
因為那是他們用來表達希望、夢想、恐懼和失望的方法。

　　像聖誕老公公和牙仙子的故事，同樣受到孩子和大人的喜
愛。可能是因為這些童話人物證明了完美家長的存在，對孩子無
怨無悔地付出、不求回報的理想雙親。在現實生活中，即便我們
覺得會有點不捨，家長仍須為孩子最大的利益而設下一些限制、

規定和界限。到了現在這個年紀，孩子大概已經知道牙仙子實際上是不存在的，但要是父母願意假裝，孩子仍會因為好玩而配合相信。

當莎芭六歲的時候，她自信滿滿地告訴妹妹，她終於知道牙仙子把收集來的牙齒拿去做什麼了，莎芭解釋如果牙仙子收到一顆黃色的牙齒，她就會丟掉，而且牙齒的主人不會因此得到任何的獎金，但是如果收集到一顆乾淨的好牙齒，牙仙子會用來建造自己的城堡，還會付給牙齒主人一英鎊。看來當莎芭在枕頭底下發現一英鎊的鈔票時（表面上是牙仙子給的），她認為那是鼓勵她認真當一個乖小孩，因為有好好照顧她的牙齒，所以她得到了獎賞。那顆牙齒代表著莎芭自己「不再需要」的一部分，但是，這個不需要的部分可以當作未來發展的資源或基石。一年之後，莎芭七歲半了，變得更實事求是了，她堅持要爸媽告訴她關於牙仙子的實話，甚至，她告訴父母，她的朋友說現在一顆保持良好的臼齒已經漲到二英鎊了。

楊文卿／攝影

第二章

家，關係練習場

對孩子而言，家庭仍然是生命的核心。

家庭生活提供歸屬感、恆久性和接納感，

這些使得他們能夠鼓起勇氣去面對外面世界的挑戰。

手足之間的競爭和合作，

提供他們練習如何經營社交生活中的人際關係。

此時，對時間和死亡有更清楚的認識和了解，

知道人死不能復生，即使是父母也無能為力，

對父母無所不能的印象完全幻滅。

不過，透過父母跟他人的互動，

孩子也慢慢在形塑自己與他人溝通的模式和技巧。

在六、七歲的時候，對孩子而言，家庭仍然是他們的核心。家庭生活提供歸屬感、恆久性和接納感，這些使他們能夠鼓起勇氣去面對外面世界的挑戰。在這個複雜和多變的社會中，「一般」家庭的定義涵蓋的範圍相當廣泛，雖然絕大多數和孩子同住的家人包括母親、父親和一、兩位兄弟姊妹，但也有許多父母親並不住在一起。很多孩子是在單親家庭，或繼父母家庭，或三代同堂的家庭中長大。家長的組合也可能是由相同性別的成人所組成；或在教養孩童的安排上，積極的祖父母也許扮演著一個重要的角色。每一種不同的家庭都有其優點和缺點，我們需要知道家庭有許多不同的組成方式。

很多西方的學校對於擁有多種文化都感到自豪，在這一代或是早幾代就從世界各地移民而來的家庭，替他們新國家的文化注入更為豐富的多樣性。

信仰團體和宗教團體可能會影響一個家庭如何定位自己。這種非常特殊的狀況對於六、七歲孩子心中所形成的家庭概念是有所助益的。而從另一方面來看，既然孩子已經開始在學校裡接受教育，家庭價值觀不再是影響他們生命的唯一因素了，有一句古老的阿拉伯諺語是這樣：「時代文化對一個人的影響，是遠大於父執輩帶來的力量。（Men resemble their times more than their fathers.）」這跟現在六、七歲的孩子很有關係。他們可能開始了解到，雖然同學來自不同的家庭背景，但大家都是擁有同樣興趣的六、七歲孩子所組成的群體一份子。不論孩子所處的家庭結構

如何，他們會注意自己所關心的人是如何和其他人互動連結的，也會學習什麼才是有用的方法。

告別當小娃娃的時期

　　「大小孩」們已經開始要放棄他們從小就喜歡的和父母親之間的某些親密感，開始偏好外面世界的友誼和活動。孩童對於和家長分離的容忍度不一，有的想到可以擁有更多的獨立而表現得非常勇敢，但大致來說，比較真實的狀況是，他們通常是一會兒自信滿滿，一會兒又膽小害怕。這是因為孩子必須有能力可以應付失去，才有可能獨立。孩童已經在之前的關係當中練習如何面對失去，為了要嘗試固體食物，必須放棄當媽媽懷裡的小娃娃，對於往後類似的拋棄經驗而言，斷奶的過程便是此類經驗的一種典型。之後，進入托兒所或幼稚園，意味著放棄當一個只待在家裡的孩子。到了六、七歲，他們開始適應大學校，並接受自己是一群孩童中的其中一個。這些所有的轉換，甚至還有其他的變化，例如，搬到新社區，都會讓孩子感到不安，需要時間來吸收和適應。

　　轉換的經驗包括了對新事物的新奇感和刺激感的正向感覺，這樣的感覺會被不得不放棄及失去所帶來的沉

貼心
小叮嚀

孩子必須有能力可以應付失去，才有可能獨立。

痛和傷心所沖淡。常常看到一個孩子必須放棄當小娃娃，因為他需要把位置讓給另一個嬰兒，而這會引起複雜的感受，包括嫉妒、比較和競爭。引發這類情緒最顯著的目標就是弟弟妹妹。哥哥姊姊們會覺得媽媽被偷走了。事實上就算沒有出現任何新生兒，家長僅是忙於其他事物，孩子也會覺得原本屬於自己的被拿走了。

娜蒂是家中的獨生女，一直擁有爸媽所有的關注，因此當他們家和一個擁有四個月大嬰兒的家庭一起度假時，她相當訝異。娜蒂發現兩家人，尤其是用餐時的一些安排都讓她備感壓力。在家裡，當娜蒂坐下來和爸媽，還有同父異母、已經是青少年的姊姊吃晚餐時，她通常都是大家注意的焦點。因此，對娜蒂而言，要和另外一個家庭分享父母的關注時，她感到非常的生氣。爸爸不停地和另一個父親聊著自己不懂的大人事情，已經讓娜蒂覺得很不舒服了，更糟糕的是，媽媽不讓她從冰箱裡拿優格出來吃，因為那是給兩家人一起吃的。對娜蒂而言，相反地，另外一個家庭的嬰兒愛麗亞則是可以獲得她所有想要的東西。她總是在某一位家長的懷抱中，而且一直（或似乎是）可以獲得食物，大人們對於這個小嬰兒的一些小動作也都反應熱烈。這些便足夠讓六歲的孩子心情大不好了。

娜蒂於是不肯吃晚餐，不停打斷大人們的談話，並吵著要吃優格。她用一種令人討厭的方式搖晃著椅子，用刀叉不停地敲打著盤子。最後，一直保持溫和態度催促娜蒂吃飯的媽媽對她說

道：「娜蒂，你已經六歲了，怎麼還像一個小娃娃！」娜蒂被激怒了，生氣憤怒地喊叫著：「我不是小娃娃！」大人只好把她帶離餐廳，到其他地方去冷靜一下。在屋外的走廊上，娜蒂繼續像個學步期的幼兒一樣發著脾氣，「可是，我不是小娃娃，我不是！」慢慢地，她抱怨的聲音語調開始變了，媽媽察覺到娜蒂的哀傷口氣。「可是我不是小娃娃。」眼淚從她的臉上滑落，直到此時，媽媽才了解是怎麼一回事。她給了娜蒂一個擁抱，而娜蒂在這個時候也才能夠接受安撫，這個擁抱代表長大和離開嬰兒時期是多麼痛苦的一件事情。

在這個例子中，娜蒂面臨了作為六歲小孩新身分的一種典型困境。她還沒有長大成人，無法參與大人之間的對話，也不能從冰箱裡去拿食物出來，因為這些都是成人的專利。但娜蒂自己也發現到再也不能扮演小娃娃的角色。大家對她有其他的期望——一個「懂事」的六歲小孩，通常娜蒂是可以應付的，但是在這個場合當中，她被自己無所適從的感覺所征服。媽媽這時給她的擁抱勝過任何言語，並傳達出娜蒂有些地方仍像個小娃娃，但這是沒有關係的。「孩子在展現自我能力的同時，也仍有依賴他人的一面與需求。」父母親若能在心中記住這點，對於了解孩子是很有幫助的。

就如同娜蒂媽媽發現的，在這種情況下，大人也會有混雜的感受。孩子能夠很獨立，可以清楚地用口語表達，對父母來說是很驕傲的一件事，但孩童的發展很少是如此順利的。要知道父母

仍然在很多地方是被需要的，又要願意放手讓孩子去探求一點點屬於他們生命中的可能，如何在這兩者之間取得平衡，是相當困難的一件事情。

手足之間的競爭和霸凌

所有的孩童都能了解在什麼時候需要和他人一同分享父母的關注，而在這個年紀，這樣的狀況通常會在兄弟或姊妹之間上演。平心而言，競爭和敵對的感受都是健康的資產，是決心邁向成功的一部分，也是在面對挫折時，能夠堅忍不拔的要素。以前一章所提到的潔瑪的例子來說，當她在學騎腳踏車的時候，她認為如果哥哥可以做到，她也可以，甚至可能騎得比哥哥還好。

六、七歲的孩子如果身為家中的老大，便會不時地利用自己的地位來擴張自己的優越感，但若是太過於習慣欺凌弟妹，家長知道這是沒有幫助的。事實上，一個孩子時常嘲笑嬰兒或是年紀較小的孩童，通常很有可能是因為害怕自己缺乏經驗或是對事情欠缺理解，且擔憂這些缺點也會被其他人所嘲弄。因此，當一個孩子持續不斷地羞辱年紀較小的小朋友時，有可能是想要擺脫自身的不安全感。他們可能在某種程度上覺得自己的依賴心是可恥的。家長可以幫助孩子了解必須花很長的時間才能夠將事物學會，而且在這過程當中的掙扎挫敗是一點也不丟臉的。會嘲笑他

人的孩子常常是害怕暴露出自己其實是需要幫助的事實，因為他們並不期待會得到仁慈的對待，或有人可以理解他們的需要。基於這樣的理由，即使家長通常都會站在年紀較小的孩子這一邊，或是袒護較為柔

> **貼心小叮嚀**
>
> 會嘲笑、傷害他人的孩子背後隱藏著「需要幫助」的事實。因此在坦護較弱的一方時，也別忘了嘲弄他人的孩子也是需要支持、理解和幫助的。

弱的一方，我們也都應該記得，嘲弄他人的孩子也是需要支持和理解的。對於傷害他人的孩子，我們應該要試著幫助他們站在他人的角度思考，長期來說，這遠比懲罰要來得更有幫助。

　　手足之間的關係通常就像狂風暴雨般，學會如何協商談判和控制強烈的情緒，會讓我們更為充實豐富。由珍妮佛‧諾威（Jennifer Northway）所著的《蘿拉走開啦！》（Get Lost, Laura）描述一個姊姊希望能夠擺脫討人厭的妹妹。然而當蘿拉真的走丟了，姊姊卻試著補救。在法蘭西斯卡‧賽門（Francesca Simon）的「調皮的亨利」（Horrid Henry）系列中探討了較不和諧的手足關係。可以自己閱讀的七歲孩子相當喜歡這一系列的故事書，他們喜歡站在一個安全的距離，來探索一些自己頑皮搗蛋的衝動，且嘲笑亨利滑稽的舉動。

　　在現實生活中，兄弟姊妹之間的妒忌和敵對常常是不加以任何修飾的，而且會讓希望可以維持公正和平的父母親們因此而感到難過。手足之間通常會有針鋒相對的意見，甚至是更多不同

的看法，要能成功平息他們之間的爭執，可能是相當累人且辛苦的。通常這個年紀的孩子對於公平競爭有著誇張的想法，然而當生氣的時候，對事物的看法卻又相當侷限。儘管如此，大人們的堅持與一貫的作法終究可以讓事情導入該有的軌道。我們需要了解家庭是一個練習建立關係和處理強烈感受的實驗場所，在家中辛苦的練習結果會延續到學校環境當中，且在結交朋友和延續友誼的重要任務上有所助益。

女孩喜歡聊天逛街，男孩愛運動獨處

到目前為止，嬰兒時期的依賴關係愈見明顯地逐漸消失，孩子可以運用的能力和口語上的理解能力大大地向前躍進，伴隨著其他許多顯著的變化。六、七歲的孩子尋找著能夠和父母更加友善和平相處的機會，通常性別會產生明顯差異，小女生們會不停討論著媽媽們的所作所為，而且樂於與母親作伴。例如：花很多時間聊天和一起購物，這會讓女孩們覺得自己已經長大了。這個年紀的男孩子們則偏好和父親一同活動，且對於可以展現男性認同的事物表現出極大的興趣。可以和爸爸獨處對小男生們是莫大的獎勵，他們可以利用這個機會學習自己所欽羨的特質。母親們可能要偶爾忍受一下位居第二的感受。如果父親熱愛運動，此

時便是兒子們加入球隊學習基
本技巧的年紀。足球隊在男生
之間是非常受歡迎的，甚至當
爸爸能夠在比賽場邊加油支持
時，孩子們會更加展現出無比
的熱情。相對而言，女孩們可
能會加入舞蹈班、戲劇社，或

> **貼心
> 小叮嚀**
>
> 雖然大部分孩子都能符
> 合社會對性別認同的期待，
> 但少數孩子會不符合社會認
> 同，此時請尊重接納孩子的
> 不同，並容許他們在個性上
> 有多樣性的發展。

一些父母或朋友會參加的活動。參與任何父母表示支持或贊同的
活動是相當普遍的，當爸媽對孩子投入的活動感興趣時，孩子們
會從中受惠許多，但重要的是家長需要留意比例原則，不要鼓勵
孩子過了頭，且讓他們在性向上有多樣性的發展，在任何團體當
中，總是會有些女孩對運動相當熱衷，而有些男生則偏好較為靜
態的活動。孩子們在這個年紀時的興趣總是多變的，倘若感受到
壓力過大時，孩子們就會裹足不前。尤其是在週末舉行的活動，
往往孩子放假時只想要休息，並不想要從事正式的活動。

開始有時間和死亡概念

家庭團體都有一個共同點，在這團體之中含括了不同世代的
親人。這個年紀的孩子對於時間的流逝，以及它所帶來的改變會
感到相當有興趣。在馬丁・維德爾（Martin Waddell）和潘妮・

戴爾（Penny Dale）的一本有著可
愛漂亮插畫的故事書《從前，有
巨人》（Once There Were Giants）
中，作者探討孩子對於某些事實的
興趣，這些事實包括知道爸媽也曾

> **貼心小叮嚀**
>
> 這個年紀的孩子開始學習看時鐘，並且著迷於了解時間的意義。

經是個小孩，而孩子自己最後也會長大，變成大人。這個年紀的
孩子開始學習看時鐘，並且著迷於了解時間的意義。

蘿秋在學校上過一門「世界名人」的課程，她跟爸媽說了許
多關於瑪莉‧斯考爾（Mary Seacole）的相關事蹟，這位護士在
克里米亞戰爭中拯救了許多將士。蘿秋回想起「很久以前」的
事情，她問起媽媽為什麼喜歡聽老歌。母親回答她說，那是因為
那些音樂會讓她想起自己小時候。蘿秋沉默一陣後，問媽媽說若
是自己長大變老以後，是否也會喜歡聽這類型的音樂。然而，蘿
秋再想了一下，她決定：「不！我仍然會喜歡珍妮佛‧羅佩茲和
碧昂斯，因為那時候她們也會是老式的了。」

孩童們漸漸開始對家族歷史產生概念，且想要了解祖父母，
以便知道更多當年紀大了以後和人生當中會發生的事情。不可避
免地孩子對於死亡會產生很多的問題，且開始知道這是無法重來
的。有些人在經歷這個過程時，會感到非常驚嚇，而且也不再像
以前一樣，覺得沒有任何事物是恆久不變和確定的了。

蘿倫是個敏感的七歲小女生，當家中最老的貓咪去世時，
可以理解她是非常的難過，然而她的悲傷摻雜了生氣，她告訴

媽媽：「如果讓我知道是誰發明了『死亡』這個字，我會殺死他。」可憐的蘿倫希望可以找到一個方式不要知道有死亡這一件事情，不過，她的家人幫助她領會儀式和哀悼的價值。她的家人決定要將這隻受到家人喜愛的寵物埋葬於後院裡，且舉辦一個小小的隆重儀式，參加的人包括蘿倫的哥哥和一位來訪的阿姨。蘿倫認為大家應該要一起唱一首歌，但她想不到任何一首跟貓咪有關的歌曲，於是就自己做了一首。因所愛的人給予的可貴支持，讓蘿倫能夠面對自己的失去。在一個星期內，蘿倫的思緒便轉向希望能夠得到一隻新貓咪了。

我們可以在蘿倫和蘿秋的例子中看到，她們兩個都對時間有深入的思考，並將所經歷到的不同困境用一種在這個年紀會使用的獨特方式來面對處理。

▌了解到父母親不是超人

當蘿倫年紀小的時候，她相信爸媽有能力可以克服所有的困難，也從中獲得安全感。若是她的膝蓋擦破皮，媽媽會在傷口塗上一種「神奇」藥膏，讓受傷的地方快一點好起來。或是當她感到害怕的時候，一個擁抱就足夠讓她一整天都感覺安全。現在，事情有了一點變化。蘿倫對於複雜的世界有了更多的了解，且很難過地發現爸媽並不能防止貓咪死掉，同樣地，他們也無法幫自

己學會拼字，或叫她最好的朋友不要欺負自己。蘿倫實際上感到相當幻滅，她了解到父母親可以提供愛、指引和支持，但他們不像自己曾經以為地那樣無所不能。

有一系列適合小讀者的叢書，其中利用許多仔細觀察到的生活故事來探討這個主題，包括了蓓爾‧慕尼（Bel Mooney）的《但是你答應過的！》（But You Promised）。故事中的女主角凱蒂要爸媽承諾許多事情，而這些都是無法事先安排的。其中一個故事是這樣的：凱蒂不想去看醫生打針，她要父母保證打針一點也不會痛，可是父親卻讓她失望了，凱蒂對此感到非常生氣。在故事裡，爸爸和藹地跟她說：

「你必須要學會一件事情，」父親微笑著告訴凱蒂：「父母並不能控制所有的事情，當大人說『我保證』的時候，通常他們的意思是『我希望是』。」

像凱蒂一樣，孩子們會發現家長不僅不是無所不能，還會犯錯。對於父母親而言，許下無法兌現的承諾是相當不智的。即使爸媽希望能夠滿足孩子的所有需求，但事實上是不需要每次都對孩子的要求有所回應。例如，家長們可能會發現

貼心小叮嚀

沒有完美的雙親，但若是能向孩子表示自己很抱歉，也不會有所損失。事實上，這樣的行為是很重要的，因為當父母以身作則，孩子便會開始學習自我反省的重要。

自己是在脾氣不好的狀況下回應孩子，或是錯怪他們犯下的一些小錯誤。沒有完美的雙親，但若是能向孩子表示自己很抱歉，也不會有所損失。事實上，這樣的行為是很重要的，因為當父母以身作則，孩子便會開始學習自我反省的重要。

即使家長並不是無所不能，但也需要持有掌控權，有時父母的權威也會受到嚴格考驗。六、七歲的孩子偶爾會倔強不聽話、易怒煩躁、乖戾固執和好戰，這是很稀鬆平常的現象，這時候，爸媽需要能夠堅持立場，對孩子說：「不可以！」且執行到底。家長也必須能夠承受這樣堅持所導致的後果。在設下限制時，父母有時會無法忍受自己不受歡迎的感覺。若爸媽本身在小時候經歷了過於嚴厲的規範，他們可能會覺得對孩子太嚴格是一種傷害。不過別忘了，設立公平的規範是愛與關心的基本表現。

家庭生活總是會有較為困難的時候，若是雙親本身的關係就有點緊張，是一定會對家中孩子造成傷害的。也有可能是來自外界的壓力，例如，工作上的問題、經濟上的困難、疾病或是遭遇喪親。通常孩子的恢復力是比較好的，倘若家長可以有效地得到支持，無論是從另一半、其他家人、朋友或社區，並設法度過，最終能夠解決問題，孩子也會隨同一起恢復。某種程度的逆境或災難是生活當中的一部分，但若是孩子所遭遇到的問題持續很久，且成為了無法突破的阻礙，就必須要尋求協助。家庭醫生或學校通常是首先諮詢的最佳資源，若有需要，還可以協助轉介其他更為專業的機構。

周玫君／提供

楊文卿／攝影

第三章

學校生活大考驗

孩子從幼稚園邁向小學階段，

對六歲孩子來說，是邁向人生的一大步，對家長而言，也是如此。

第一天帶孩子上學既興奮又不安，

不知孩子是否能適應大團體生活，

有固定的上下課時間，有一定的科目要學習。

孩子對自己成為小學生感到新奇好玩且帶點恐懼，

喜歡模仿老師的點名儀式，對老師既崇拜又敬畏。

在本章裡可以看見孩子如何應付學校裡的種種活動，

其中也分享了有創意的教學內容，

而孩子也終於明瞭成功是需要努力的。

第一天上小學

到了六歲這個年紀，孩子通常會希望將自己的熱情和多變的行為，轉化成一些比較有條理和有成就的東西，而這會讓所有人都滿意歡喜。由於學校活動具有可預期性及一定時間的持續性，而成為一個多數人偏好的環境，並讓孩子在這裡展現他日漸成熟的能力。家長的支持仍然非常重要，但孩子們可能不像以前那樣明顯地表現出對父母的需要。相反地，孩子在開始上學時可能會傳達一種非語言的訊息給爸媽——「我愛你，但現在請你走開」。這樣的自我肯定證明孩子已經具有某種程度的成熟穩定性，但這是怎樣發生的呢？

孩子對於這個世界涉入程度的發展基礎是建立於早期和主要照顧者之間的關係，母親通常是主要的照顧者。之後，孩子的世界會慢慢地擴展，含括了父親、兄弟姊妹和其他較為親近的家庭成員。在學步期所形成的自我意識是建築在某些重複的經驗上，包括能夠有人敏銳地察覺自己的需求和理解自己。換句話說，孩子是在關係中發展長大的。若沒有特殊狀況發生，學步期的孩童會對於身邊的人事物，以及自己與對方之間的關係開始感興趣。三、四歲的小孩或許可以跟其他小朋

貼心小叮嚀

孩子在開始上學時可能會傳達一種非語言的訊息給爸媽——「我愛你，但現在請你走開」。

友一起玩，但還可能比較自我中心一點，能夠溝通妥協的範圍也較為侷限。許多孩子四、五歲時開始上學，這個進展表示孩子需要整合過去他們所擁有的資源，去適應有三十個學生左右的班級，且能應付學校一天中的要求。他們需要學習對他人有某種程度的敏感度，且被期待在家中、遊樂場或幼稚園這些有大人居中協助的場合裡，和其他小朋友有互動上的練習。自然的競爭是邁向成功的助燃劑，而另一方面，能夠擁有向父母學習的能力，是孩子知道需要將注意力放在老師身上的良好準備。儘管有了這些準備工作，甚至孩子表現出相當有自信，但每個家長都知道一個六歲的孩子仍然是脆弱和依賴他人的。

在一個風大的星期一早上，當萊恩和媽媽八點五十五分到達學校時，操場上已經聚集了不少家長、學童和兒童推車。在等待老師坎貝爾小姐時，六、七個孩子已經排好了隊伍，相互推擠著想要佔據喜歡的位置。萊恩的朋友詹姆士帶著足球，和朋友討論著下課的時候誰要打哪個位置。另外一個男孩，傑森，從人群中走出來並朝著萊恩走過來，在離萊恩有點兒近的距離時，拉了他的連身帽，並粗魯地用手戳了一下他的臉當作打招呼。不像其他小朋友，並沒有任何大人陪伴傑森前來，當萊恩的媽媽告訴他不可以用手戳其他小朋友的臉時，他並沒有加以理會。這時候，老師到了，原本雜亂無章的孩子們突然主動地排好了隊伍，一邊打打鬧鬧、歪歪扭扭地向教學大樓前進。

當媽媽親吻萊恩道別時，就像許多家長一樣，需要忍受自己

的兒子必須自行設法適應大團體環境的事實。她仍記得小時候當自己剛開始上學的時候，有時候必須承受自己是團體中邊緣人的感覺。她省思到，這是不是她干預傑森行為的原因，且對萊恩過度保護，沒有讓孩子自己去處理這件事情。畢竟，學著如何依靠曾經擁有過的良好經驗來面對及處理暫時的逆境，是成長的一部分。但有些父母並不是這樣思考的，於是當孩子在學校，家長必須把照顧孩子的責任移交到另外一個較為陌生的大人——學校老師的手上時，便成為一件不容易的事。

對老師既崇拜又敬畏

學校老師對孩子而言，是一個非常重要的人物，是家庭以外的權威代表。甚者，老師影響孩子在學校一整天的情緒感受。當孩童在理解新事物時，會利用之前所擁有的關係當作參照的來源，與老師之間的關係，無可避免地會受到自己之前和父母、祖父母及其他重要大人相處時的經驗所影響。即使這個年紀的孩子不期待老師會像母親一樣對待自己，但仍希望自己能夠被注意到，而且對對方來說是重要的。老師對孩子關心投注的品質，對他在校學習的經驗組合具有關鍵的作用。如果老師擁有溫暖的特質，孩子就會與她發展出特別的連結，對老師產生敬畏和崇拜。學生通常會仔細觀察自己所喜歡的老師，並著迷於她的做事方

法。孩子越想要成功取悅老師，就越可能害怕失敗，有時候可能導致孩子把老師視為一個嚴厲或可怕的對象。而且在六歲的時候，會產生一個微妙的變化，孩子現在知道自己不是光去學校就好了，而是要能夠更集中心力在有目標的作法上，而且要有成果出來，同時這些成果是要努力才可能獲得。

　　對孩子而言，他們的老師要能夠維持秩序，並在班上營造出穩定和相互尊重的氣氛是相當重要的。在這方面，老師是著重於群體的需求，而非特定個體的冀望。孩子和老師之間的契合度是相當複雜的，且包含了許多不同的因素，有正向的，也有負面的。當家長評估這些因素時，心中會問一個很重要的問題是：「這個老師是否能夠為我的孩子營造出一個安全的學習環境？」

　　當孩子和老師在一起時是快樂且安全的，便可以協助家長克服覺得失去「家中小親親」的失落感。但在新學期開始要更換新老師時，父母一般都會擔心自己的孩子是否能夠適應。這個新老師會不會太嚴厲，或是太放任呢？新老師會即時且公平處理班級中可能產生的任何爭執嗎？有時候也會發生孩子和老師不合的狀況，這個時候，尋求協調的最佳人選便是年級主任老師（編註：英國學制與台灣不同，在台灣可能由教務主任處理）。要解決事情需仰賴家長、學生和老師均有意願要相互了解，這可能要花上

> **貼心小叮嚀**
>
> 六歲孩子已經能夠了解到，如果想要在學習上有成果就必須要專心和認真才行。

一點時間，但能夠得到學校和家庭雙方相互支持合作的關係，對孩子仍是最好的。

在這個年紀有很多孩子會專注地觀察研究他們的老師，而且會仔細留意老師態度和行為上的一些細節。路易斯在上床睡覺前常常要進行一項「點名」儀式，就像他的老師一樣。媽媽知道這對路易斯有多麼的重要，因此允許他這麼做。在路易斯的要求下，媽媽發現自己在兒子睡覺前，竟要假裝三十幾種不同的聲音來回應他想像中的點名儀式。

對六、七歲的孩子而言，學校裡的習慣和行事方法變得相當重要，尤其是在家中嘗試一些在學校裡可行的策略。例如，史提夫的媽媽發現他會試著坐得直挺挺的，而且想要父母注意到自己的時候會把手舉起來。而梅麗莎在幼稚園時會用「媽媽」來稱呼自己的老師，現在則是經常把母親誤叫成老師的名字。這些錯誤在在顯示學校生活越來越為重要。這也暗示孩子是花了多少氣力來取得大人的注意力，在學校裡這是一件很困難的事情，且需要特別的方式才能獲得。

當更換老師的頻率增加時，會產生一些問題。桑妮雅的老師請病假，而由許多不同的老師前來代課，這時她變得有點情緒低落，不願意去上學。媽媽覺得桑妮雅的狀況相當不好，甚至覺得強迫她去上學是一件相當殘忍的事情，於是到學校和年級主任老師討論這件事，年級主任老師安排桑妮雅在團體中負責較小的任務，並指派一個孩子熟悉的助教來協助桑妮雅度過這段不穩定的

時期。當桑妮雅的老師病癒回來上課之後,她適應困難的狀況也就逐漸消失了。

老師老師,請叫我

　　對孩子而言,在大班級中等待輪到自己是一件相當難熬的事情,一次又一次的舉起手,希望能夠被選中回答問題。很多人會加上請求和拉長聲音來表達自己想要回答問題的熱切渴望。如果懷抱著熱切的情緒等著被選到後,但所說出來的答案卻不是被認可的,會讓人感到相當洩氣且沮喪。大多數的學生都希望被老師注意到,當有類似機會出現時,對孩子的學習可以是一種有效的激勵。對引起老師注意的較勁有時是從家中延續而來的,在家裡和手足相互競爭,想要在父母心中擁有一個特殊的位置。身為大團體中的一份子,要習慣漫長一天的學校生活對這個年紀的孩子來說,是很辛苦的一件事情,在他們的內心裡需要一個可以提供內在資源的地方來幫助他們度過難關。

　　課堂上的規則、流程和例行事務可以讓孩子們很安心,且可以幫助他們發展出預期哪些事物將要出現的敏銳度。在一個大班級當中,孩子對於潛藏在表面下的混亂會感到恐懼,若是能夠熟悉學校裡的日常事物,對他們而言有莫大的鼓勵。這樣的擔憂不僅存在於學生的心中,而經驗老道的教師也會利用能促進合

貼心小叮嚀

這年紀的小孩以「自己是乖小孩」和守規矩為榮。

作和代表秩序的規則來安定孩子。例如，在坎貝爾老師的班級裡有著小組獎勵點數的活動，若是小組成員可以按照所示範的那樣把公用器材（如鉛筆、剪刀等之類）收好，便可以得到點數。累積的點數可以換取所謂的「黃金時段」，這是在上完一個星期的課之後，在星期五下課前的一段時間，在這個時間裡孩子們可以玩遊戲，或是其他想要從事的活動。相同的策略，坎貝爾老師在教室門口放了一個罐子來裝「班級彈珠」，當小朋友好好排隊，或是整個班級一同完成某個目標的時候，老師便會在罐子放入彈珠以示獎勵。孩子們知道他們每個星期必須要累積到某個數量的彈珠，才能在星期五兌換「黃金時段」。這個簡單的行為策略以一種有效的方式刺激孩童天生的競爭本能，讓他們開始發展群體一起努力的意識。

這個年紀的孩子喜歡收集表示自己是「乖小孩」和守規矩的證明，但有時候班上有個頑皮的學生還挺好的。這樣可以和自己內在調皮搗蛋的念頭作切割，而它同時又發生在其他小孩身上。為了討好老師而捏造故事，可能會以巧妙的方式發生，這對團體的凝聚力會造成傷害。好老師會盡力避免此類的事情發生，尤其是讓某個特定孩子以某種特質被定型。舉例而言，他們會為了特殊的教育需求，而在班上一同討論各個同學的優點；而且鼓勵害羞內向的孩子也能夠更有自信地表達自己。當孩子眼見及學習班

級團體中成員的互動方式，這同儕之間關係的消長和變遷，提供了許多機會讓孩子得以探索自己個性中的不同面向。

把功課變得有趣

　　有效的學習可以讓這個年紀的孩子將家中和學校的生活經驗有所連結。對孩子的整體教育而言，也需要考慮到他們對現實生活與想像世界之間在認識上的連結。實際上，在六歲，甚至是七歲的時候，孩子天生在遊戲或角色扮演的本能上可以提供絕佳創造力的擴展機會。功課可以是有趣的，有趣的事情也可以變成功課，若有趣的事物也可以有父母親參與的話，學校課程便可成功地成為一個鼓勵學習的平台。

　　英國廣播公司在英國地區發行的「看與讀」（Look and Read）系列影片中，相當受歡迎的迷你影集〈透過龍的眼〉（Through the Dragon's Eye）共有十集，每週播放，其內容可協助在課堂上拓展創造力學習的範圍。坎貝爾老師利用其中的故事創造出想像式的連結，作為孩子們家庭和學校之間的橋樑，當每日的例行點名活動結束之後，老師便利用一個有趣且富教育性意義的例行活動開始當日的課程：

貼心小叮嚀

功課可以是有趣的，有趣的事情也可以變成功課。

「現在，我們來看看昨天是誰帶葛溫回家。」坎貝爾老師宣布著，台下明顯有一股興奮的躁動，孩子們都喜歡這個活動，很多人似乎都從早上的昏沉中醒了過來。葛溫是坎貝爾老師所擁有的一隻大紅色絨毛龍玩偶，它和〈透過龍的眼〉裡面的主角有著一樣的名字。班上學生們輪流帶葛溫回家，另外還有一本特別的作業本，帶葛溫回家的孩子要負責記錄葛溫和自己回家後一起做了些什麼活動。

今天輪到安卓拉，她自豪地站出來朗讀作業本上自己帶葛溫去上游泳課的趣聞。

我媽媽問葛溫會不會游泳，葛溫說：「不會。」所以他得在車上等我上完課，因為我們擔心他會淹死在游泳池裡。當我們回到家的時候，我爸爸想要抱他，但葛溫卻噴火燒掉了爸爸的眉毛。然後我們一起看電視。

同學們都很開心地笑著。

「可憐的爸爸，」坎貝爾老師眨了眨眼睛說：「燒掉他的眉毛可不是件好事呢！」

安卓拉有點尷尬地站著，不自主地順了一下裙子，雙唇緊閉，想不出該怎麼回應。這會兒，她可能正想著自己所寫的文字，並猜想她的故事是不是造成了什麼傷害。七歲的孩子偶爾會搞不清現實狀況和想像世界中的差異。但是莎拉，安卓拉的朋友，插嘴幫她解圍：「眉毛可能在他們一起看電視的時候就會長

回來了。」而大家也都笑著贊同這樣的說法。

　　孩童們認同且喜歡的是葛溫去不同的家庭拜訪，並由自己親自製作每日記錄，而這個日誌就是在坎貝爾老師主導下的一種團體想像創作。葛溫是屬於班上所有同學的，

貼心小叮嚀

孩子可以藉由玩偶來表達自己負面的情緒，卻不會去傷害到別人，並可以隔著一段安全的距離來了解自己。

幫助孩童們覺得自己就像是這個班級大家庭中的一份子，而這個家中有一個脾氣反覆無常的小調皮蛋就是葛溫，且是由大家一起輪流來照顧的。這個活動可以讓孩子運用他們的想像力，同時也能夠以自己的想像世界為主題來練習寫作技巧。孩子可以藉由葛溫來表達自己好鬥、強烈或緊張的情緒，且這種方式也不會傷害到任何人，並且可以隔著一段安全的距離來了解自己。這通常對於在班上被認為是聽話的好孩子來說，是一個從未嘗試過的，用一種稍為激烈的方式來表達自己的自信，且在這團體中是可以接納這種表達自我的方式。可以這麼說，葛溫這個玩偶為孩子搭起一座家庭和學校之間極好的橋樑。學校鼓勵家長們一同參與撰寫日誌，一起融入這個以想像力為核心精神的作業。葛溫在拜訪不同的家庭時，有著許多不同的經歷，嘗試過外國美食、玩過足球、認識了保母和祖父母們、參加過派對、上清真寺和教堂，基本上真是大開眼界。孩子們可以在教室的圖書角落中閱讀並分享葛溫的冒險經歷，這本日誌還是大家常常翻閱的一本書籍呢。

如何幫助孩子們專注

　　長時間的專心對六、七歲的孩子來說是一項艱難的考驗，能夠在學校保持一整天的專注，對他們的成長是個巨大的挑戰，然而不同的孩子在面對這樣的困難時，所展現出的堅忍不拔的能力也各不相同。有時候孩子可能一時沒有學習的心情，於是將注意力轉移到其他令他分心的事物上，其他時候，則可能是無法吸收一連串的指示。好的老師會努力讓班上所有的孩子都參與討論，啟發相互合作，盡其所能地讓上課變得有趣，但畢竟每天練習的基本技巧才是學校生活裡的重要元素，孩子們只要簡單吸收就可以了。

　　接下來的案例可以讓我們約略體會到孩子和老師們在一般課堂上所付出的努力，對於老師或是課堂助教的挑戰是要如何幫助每一個學生完成所指派的功課，換句話說，就是鼓勵他們能夠有效且專心一致地克服其他會讓自己分心的事物。

　　在坎貝爾老師班上，某一天的語文閱讀課中，孩子們要寫一篇有關前一天他們受邀參加幼稚園所舉辦的表演會的心得感想。首先，老師先確認班上每一位學生的眼睛都注視著自己，然後她鼓勵學生們不只分享他們所看到的，也要表達出自己個人的看法。老師試著幫助學生想像當那些五歲幼兒班的孩子們，站在舞台上表演時，要面對著台下其他年紀較大的學生和所有家長時的感受，以及幼兒班的老師和學生們要花多少功夫挑選音樂和製

作戲服。他們也一同討論嘲笑那個在台上跌倒的小女孩是多麼的不恰當。在這些討論之後，孩子們需要寫一篇文章來描述這場表演，說出自己看到了些什麼、喜歡哪些地方和覺得如何。有很多的素材供孩子們思考，老師把作業紙發下去，然後讓大家回到自己的位子上開始寫作。

　　有一位家長，布朗太太，來到班上協助老師，她要幫忙由六位學生組成的小組，男女生各三名。三個小女生對於布朗太太這個從未見過的大人非常有興趣，相較於此時該進行的功課，她們更想要對這個新面孔有更多的了解。薇瑞拉喜歡她的耳環，米娜想要告訴她自己今天早上喉嚨痛，然後爸爸給了她一顆喉糖。在一開始時，只有卡爾可以馬上進入狀況，其他人則花了點時間才著手進行所指派的作業。薇瑞拉嘰嘰喳喳地說話，且想著自己是不是應該把鉛筆削尖一點。傑克不停地搖著椅子，開身邊事物的玩笑，又把鉛筆掉在地上，然後在桌子底下來回摸索尋找鉛筆。安娜看起來很茫然，似乎一點也不記得剛剛大家所討論的內容。一會兒之後，米娜嘆了口氣，儘管喉嚨仍然痛，但她終於開始著手寫作，而薇瑞拉也在削好鉛筆後開始動筆。這兩個女生似乎是在布朗太太注意到自己之後，才願意把心思放在功課上。蓋瑞很用力地壓著鉛筆，似乎對於寫下去的東西不太滿意，他用橡皮擦擦去所寫下的文字，在本來乾淨的作業紙上留下了一點一點的汙漬。整個小組需要很多的鼓勵，對布朗太太而言，她協助的這個六位學生小組似乎已經是一個大團體了。

寫心得感想是孩子最痛苦的事之一，大人應該引導孩子透過團體不同面向的討論後，再書寫心得，會較有感觸也較能夠言之有物。

十五分鐘之後，布朗太太看管的小組終於上了軌道，但時間似乎過得很緩慢。卡爾想到可以使用字典，也完成了作業。蓋瑞終於寫出一個句子，但是有太多的字顛顛倒倒和擦擦寫寫，不過他很努力試著做到老師對自己的期望。薇瑞拉雖然起步較慢，但之後全力以赴，似乎在布朗太太的鼓勵和注意之後振作了起來，而她似乎也了解了這個新來的大人是如何和這個團體互動的。事實上，是薇瑞拉想到請布朗太太將大家不會的字寫在黑板上，這樣大家就不會一直問問題了，而她問的字是「尊敬的」。相反地，米娜覺得要專注寫作相當困難，反而不停地抱怨著：「老師，安娜在抄我的，妳跟她說不要抄我的。」突然之間，大家都想要知道布朗太太要如何處理這個事件。布朗太太很快地想了一下，然後告訴大家，或許安娜是想要分享她的想法，而不是抄襲別人。這是可以的，不是嗎？米娜似乎對這樣的想法感到滿意，終於可以專心下來。沒多久，蓋瑞想要去上廁所，奇怪的是，一旦他獲准可以去上廁所，安娜也說自己也想要去廁所。

事實上，在這堂課結束之前，布朗太太負責看顧的這個小組氣氛已經有所改變了，在沒有太多大人的協助下，每個學生都有所進步。布朗太太好奇若是沒有助教幫忙，老師到底是如何管

理這麼大的一個班級。把作業放在一邊，準備要下課出去玩的時候，學生們個個又生龍活虎了起來，然而，布朗太太已經覺得精疲力竭了。

周玫君／提供

第四章

我可以和你做朋友嗎？

從家庭到學校，活動圈逐漸擴大，社交圈版圖也在擴張中。

此時，「交朋友」成了孩子很重要的課題。

在本章裡，以學校為主要的社交場合，

尤其操場更是建立友誼的好地方；

而透過學校課程的設計，安排小組討論時間，

將孩子在社交上遇到的問題——在課堂上提出並討論，

進而形成共識：

一個成熟的友誼是奠基在彼此的「付出—收穫」、

「同理心」以及「尊重彼此的差異性」上。

這年紀孩子喜歡結交什麼樣的朋友，

以及他們都玩些什麼？對於朋友的認知又是什麼？

在本章中都有詳細的介紹。

可以找到和自己相似的人是多麼令人安慰的事情，人類是社交的動物，六、七歲孩子們正設法應付一件困難的工作，那就是和其他的小朋友們交朋友。他們現在會花較多的時間在家庭以外的地方，其所屬的同儕團體對於孩子的自我認識也越來越有影響力。所以在孩子的心中「我像誰？」這樣的問題，其實和「我喜歡和誰在一起」相當地類似。換句話說，當孩子們尋找朋友的時候，同時也渴望自己能夠被接受。他們需要藉由其他孩童來確認自己正在成型的自我，那些有自信、聰明或擁有其他魅力的孩子們會比較受歡迎，然而這對缺少這些特質的孩子們卻會造成傷害。在這個年紀，友情很有可能有起有落，事實上，絕大多數六、七歲的孩子仍需要大人的關注和斡旋調解，來幫助他們發展出和其他人往來的適當方式。孩子需要一段為時不短的時間才能了解到，成熟友誼是奠基在彼此的「付出—收穫」、「同理心」以及「尊重彼此的差異性」。若同時能擁有許多練習的機會，也是相當有幫助的。

以社交為主題的團體討論時間

為了讓孩童發展出所需要的社交技巧，以便能夠與同學好好地相處，學校有著積極的貢獻。團體小圈圈討論時間是為了讓孩子對社交關係和處理衝突的簡單策略能有更多的理解。家庭生

活提供許多機會讓孩子學習「付出與收穫」、分享和互相尊重。但是，如同我們在前幾章所看到的，能夠了解其他人觀點和同理他人的能力，是在這個年紀才會慢慢形成的。

> 貼心小叮嚀
>
> 能夠了解其他人觀點和同理他人的能力，是在六到七歲這個年紀才慢慢形成的。

　　在學校時，許多學童之間不愉快的互動通常都是因為缺乏對社交的理解和缺少練習經驗所引起的。任何了解孩子的人都知道，孩子們相當執著於誰是自己的朋友，誰不是。而其他需求，像是尊重個人的空間（身體上的）和體貼地對待他人（道德上）都是非常重要的公民道德，而這可能需要多年時間才能養成，但現在開始積極鼓勵生活公約也不會太早。團體小圈圈的討論可以讓孩子把注意力集中於學校教學範圍內向來被視為次要的、比較糟的，或者被當作干擾的一些事物上。還好，現在的學校也承認，當專注於孩子的整體教育時，學校教育才會是較為成功的，而孩子透過經驗和榜樣的學習也會學得比較好。因此，在學校一天當中提供一個針對社交互動主題深入討論的時間，可以幫助孩子們感受到他們在日常生活當中所關心的東西是被重視的。

　　有一天下午，就在團體小圈圈討論時間之前，坎貝爾老師班上有些小朋友從操場上哭著回教室，詢問之後原來是在排隊回教室的途中發生了一些小爭執，安娜和詹姆士一個腿上有一塊瘀青，另一個則是撞到了頭，他們兩個都指責另一個孩子在排隊進

教室時推擠他們。坎貝爾老師花了幾分鐘的時間分別聽學生解釋究竟發生了什麼事，用溫柔但實際的方式來處理。坎貝爾老師順利平息了這個突發事件，而且讓接下來的團體小圈圈討論時間有了一個很好的開場，今天要討論的主題是「說對不起」。

孩子們圍成圈圈坐了下來，老師問大家：為什麼認為說「對不起」是重要的。有些答案含糊不清，如「如果你不說對不起，他就會告訴老師。」許多答案都延續前一個，但又更擴展了一點，「如果你對你的朋友做了一些事情，嗯，會讓他覺得受傷的事情，嗯，他們就會去告狀，而且再也不跟你做朋友了。」坎貝爾老師點出新的想法，「所以，如果你想要和對方做朋友，最好是要說對不起。」利用剛剛在操場上發生的事件作為引子，坎貝爾老師要大家想想看，如果別人推擠自己，或是傷害自己會是什麼樣的感覺。她也讓學生從另外一個角度來思考，如果你是不小心的，但是別人卻對你生氣地大叫，自己又會有什麼樣的感覺。接著有許多更為艱難的問題，例如：如果你是故意要傷害其他小朋友，只是簡單說一句「對不起」就可以了嗎？

接下來每一個同學都要告訴隔壁的同學什麼時候自己會跟別人說「對不起」，然後再交換說；老師希望每一個人都要說出自己的經驗，以及聆聽對方的描述。這個練習似乎引起孩童們的興趣，教

貼心小叮嚀 尊重聆聽是建立友誼的關鍵基礎，「對不起」是讓爭吵冷卻下來的有效方法。

室裡鬧哄哄地充滿著熱烈的討論聲。過了一下子，坎貝爾老師請每組小朋友根據剛剛的討論內容設計一小段表演，孩子們很高興能夠演出各種不同類型的壞事：拿別人的糖果、踩別人的腳和咒罵他人。小朋友們對於這些事情都相當熟悉，而這堂課所要教導說「對不起」的部分也幾乎是無可避免的，甚至還有點掃興的。事實上，孩子們發現說「對不起」是讓事情冷卻下來的一個有效的方式，但似乎還不到真心感到抱歉的地步，這一點也不令人感到訝異，身為大人，我們知道在說「對不起」和真的感覺到自責懊悔之間的差別，大人若是希望孩子真的為了他們所犯下的小錯誤而感到抱歉，也實在是有點操之過急。這個班上七歲的孩子提出一個有趣的問題：「會不會有時候你會說『對不起』，但其實你不是真心要道歉的？」不過這已經不在這堂課中老師想要傳達的範圍裡。到目前為止，孩子們學到尊重聆聽對方說話是很重要的一件事情，而且可能可以免去一些爭吵抱怨，而這些重要的技巧，則是建立友誼的關鍵基礎。

操場上的社交

　　擺脫正規課堂中的規範，學校的操場似乎是一個釋放緊張壓力和可以為所欲為的地方。此時，操場已經是一個較為熟悉的場所，倘若孩童在班上還覺得OK的話，便能夠安心地暫時出去玩

一下，在這個短短的時間裡可以和朋友們紓解一下壓力。還是會有大人在旁看管著孩子，萬一有什麼差池，仍然有人可以尋求協助。老師和操場上的助教是孩子們在小爭執時給予仲裁的重要對象，助教身邊常常會有一群友善但嘰嘰喳喳的小女生，積極的想要與自己喜歡的大人說話，以引起大人對她們的注意。這些成人也會判斷，像擦傷、撞到頭或肚子痛等輕重不一的意外事件，提供一些機動性的醫療協助。六、七歲的孩子到新學校時，就會知道一些學校裡的例行公事，而操場往往是比較不那麼令人卻步的場所。

這當然不是說在操場上完全沒有壓力，在操場上幾乎漫無章法的群眾當中，許多小團體同時進行著不同的遊戲，不同的孩子不時地進進出出。在這裡可能隨機建立起的生態體系，隨時受到挑戰，好朋友們會彼此不忠誠，還有大聲喧嘩、奔跑和興奮的孩子們所製造出的騷動不安，常常讓其他還沒決定要加入哪個群體的學生們覺得這裡是個充滿背叛不忠的場所。

有些孩子們會聚在一起玩著扮演遊戲，在這活動當中，他們可以用一種也令他人感興趣的方式來實現自己的幻想，此時有故事情節的扮演遊戲便油然而生。米娜大聲對著艾莉森和莫莉叫著，而這兩個小女生正假裝自己駕駛著飛往火星的太空梭。米娜是這個遊戲的主導者，大喊著自己是神力女超人，即將要來拯救這個星球。另外兩個小女生興奮地敲打著牆上所假想的電腦，一會兒，她們和其他女生假裝無懼地捕捉到外星人當作俘虜，並夾

雜些混亂的嘶吼，穿插著「神力女超人來拯救你」的話語。很顯然地這個遊戲只有女生參加，將男生排除在外可能也是當中有趣的地方。

　　有些在操場上玩的遊戲已經經歷過許多世代，且衍生出許多不同的版本，「Sticky Toffee」（類似紅綠燈的遊戲，編註：和小時候常玩的「一二三木頭人」的遊戲類似。）和其相似的演化版本仍相當受歡迎，可能是因為這個遊戲可以喚起孩子更多的自主性，這也對應於另一種相反的狀況，是希望有人記得自己，找到自己且收留自己。這項是孩子本身與家長的關係——如同用一條假想的橡皮筋把他們圈連在一起。這個年齡的孩子被家長推向更為寬廣的外面世界，但他們仍希望有被拉回來的時刻。在這個遊戲當中，會選擇一個小朋友當鬼來追其他人，遊戲一開始，其他小朋友必須拉住當鬼的小朋友的手（或手指頭），這就自然限制了一起玩這個遊戲的人數。然後當鬼的小朋友會大喊「Sticky Toffee」，所有的人立刻散開以免被抓到，而被抓到的小朋友必須站在原地，伸出雙臂等著其他還沒有被抓到的小朋友來拯救自己。剩下最後一個沒有被抓到的人就是贏家，而且可以當下一次的鬼。對孩子而言，規則是很重要的，作弊是不被允許的，甚至會引起爭吵和排擠。拍手遊戲則有

> **貼心小叮嚀**
>
> 學校操場是培養友誼的好地方，藉由團體遊戲或活動可以幫助孩子做自我發展及建立患難與共的友誼。

著不同的規則，需要相當好的動作協調、記憶力和配對能力。這些遊戲似乎是用來探索你和朋友之間的連結與分離，以及與其同步行事的觀念。所有這類的遊戲，提供了絕佳的機會讓孩子發展自我意識，以及與同儕患難與共的情誼。

在所有的團體遊戲當中，總是會有些孩子覺得很難參與其中，他們可能在想家，或是缺乏成熟度、自信心或社交技巧，以致沒辦法跟他人一起玩。多數的孩子總是會有幾天時間覺得自己像局外人，要是再加上心中擔心著家中的狀況時，這樣的情形會更加嚴重。換句話說，有些孩子的個性就是會讓他們傾向於較個人和想像的活動。這樣的孩子就會偏好站在核心團體的外面，靜靜地觀察活動很豐富地進行著。若某些孩子選擇在下課時間獨自一人，也不見得是個問題，有時候大人稍為鼓勵一下，也可以讓一個害羞的小朋友願意嘗試加入其他人的遊戲中。

安卓拉一個人站在一旁看起來悶悶不樂的，當負責下課時看管操場的助教經過停下來跟她說「哈囉！」的時候，她才露出高興的表情來。原來安卓拉的好朋友不肯跟她玩，讓她覺得很難過。安卓拉很高興助教對自己的關注，且很熱切地想要跟助教交談。安卓拉很驕傲地問助教要不要認識「翠兒」，然後給助教看自己口袋裡的一隻藍色塑膠小鳥。翠兒來自於她的白雪公主娃娃屋（一個從家裡帶來的玩具），這隻小鳥很顯然對安卓拉非常重要。助教鼓勵她繼續說下去，安卓拉便繼續描述當她覺得孤單的時候，她會編出有關小鳥和花朵的歌曲，唱給自己和翠兒聽。安

卓拉讓助教拿著小鳥，細看
這個玩具，她們的對話一直
延續到安卓拉班上的一位同
學好奇地走過來。

貼心
小叮嚀

有些孩子會因為想家、
或缺乏成熟度、自信心及社
交技巧，以致沒辦法和他人
一起玩。其實有時候，大人
稍為鼓勵一下就很有幫助。

　　安卓拉一直在想翠兒到
底是不是男的，因為他是藍色，且有著短毛，但新加入她們討論
的那個小女生看得更仔細一些，她指著翠兒身上的一個小洞，這
個小洞是用來把翠兒插在白雪公主娃娃屋上用的，說道：「她一
定是個女生，妳看，這是她的屁股。」這樣的說法似乎相當猛烈
地影響了安卓拉，把她從想像世界中拉回到現實操場上的環境當
中。之後，兩個小女生一陣竊笑，手牽手離開了助教。

　　雖然安卓拉大致上已經相當成熟，在班上也表現優異，但
在操場上她仍然會感到有點不知所措，像三歲小孩利用泰迪熊一
樣，藉由玩具翠兒為表徵來連結家庭生活，讓自己感覺較為安全
舒服。幸運的是，操場助教友善地對安卓拉表示關懷，幫助她感
覺更有自信，所以當另外一個小女生加入她們的時候，安卓拉很
快地就可以接納她。

（上、下）周玟君／提供

男孩一國，女孩一國

在這個年紀，孩子正以六、七歲的角度來整合自我的認同感，性別通常是定義自我的最明顯面向，在操場上很容易可以發現以性別區分的團體。或是對於同伴的選擇，六、七歲的孩子很明顯地偏好與自己相同性別的孩子玩在一起，如果你問孩子放學後想要去誰家玩，或是想要邀請誰來家裡玩，你得到的答案非常可能是男生會選擇男同學，女生選擇女同學。女生的朋友數量普遍較少，但是友誼卻較為深刻，而男生則是喜歡結交許多不同的朋友。

男孩們會想要從事男人應該做的事情，這在某個程度上會造成困惑，在自己還小的時候比較能夠接受自己對於母親充滿熱情的愛慕，但現在因為偏好與同性朋友相處，那樣的情感就會被埋沒在底下。這麼一來，男孩們會開始探索較為自主的模式，表現得和父親或其他類似榜樣的舉止行為和喜好。並不是每個男孩都是活潑和喜歡運動的，不過多數在這個年紀都會主動地參與團體遊戲，就像鴨子之於游水一樣。尤其是足球，是許多這個年紀的男孩會產

> **貼心小叮嚀**
>
> 男女大不同，在交友上，女生比較謹慎，喜歡分享祕密，投入的情感也較多；男生則是喜歡結交不同的朋友，喜歡和一群朋友在一起活動，從競賽中建立友誼。

生興趣的休閒活動，這當中牽涉了許多不同的因素，第一，這是一種能夠學到一些規則和身體動作技巧的活動。第二，因為熟悉這個專業運動令人喜愛的地方，因此和爸爸或其他家庭成員一樣會成為所喜歡的球隊的支持者。第三，還有許多和足球有關的活動，如電腦遊戲、收集貼紙和桌上足球。但最重要的是足球可能提供了可以專注的目標，以及一個可以和一群朋友一起從事的活動，而且還可以清楚地感受到「另外一邊」。

　　參與足球活動提供一個讓孩子在群體當中和其他男孩子們相處的機會，這個群體是由七歲男孩們所喜歡的各種規則和角色所組合而成的。當中需要的訓練迎合了孩子對於紀律和組織的渴望，這些是這個年齡層最具代表性的個性特質。然而，一剛開始，這些遊戲規則對於六、七歲的孩子來說，有點複雜困難，所以他們可能對於穿戴披掛著足球裝備和制服，扮演著父親支持的足球隊中自己所喜歡的知名足球運動員，反而比較有興趣。不停地跑動和以一種熱情的方式消耗精力讓足球賽增添更多的吸引力，需要的只是一顆足球和足夠大小的場地就可以進行了。這也可能消耗掉很多潛意識裡的競爭心態和侵略性，並用一種好的運動所需要的合作與紀律去加以鍛鍊和調和。

　　一個起霧的十二月底早上，一群五個小孩的團體約好在當地的遊樂場練習，還有三個父親及兩位母親。穿著聖誕老公公貼心送的新制服，每個人看起來光彩耀眼，孩子們都急切地想要做好自己在比賽中所負責的位置，萊恩也是其中之一，穿著熱刺隊

背號八號文迪斯的上衣。這件事情好玩的地方是當在學習某些技巧時，同時也假扮自己是個有名的足球隊員。喬在展現一個滿意的劇球（編註：用腳將球劫走）之後，大聲地對著場邊的父親叫著：「我是席勒！」（編註：Alan Shearer〔1970~〕，英國最好的足球前鋒之一，2006年退休。）凱斯因為喬伸出腳而被絆倒，痛的留下了幾滴眼淚。「犯規！」同時也是裁判的喬的父親人喊著。萊恩似乎置身於這場爭吵之外，他媽媽發現萊恩似乎很擔心弄髒自己的制服，雖然如此，當球往自己這個方向來的時候，他還是踢出一個不錯的傳球。幾分鐘過後，孩子們為了搶球發生扭打，喬的爸爸本能地知道要怎樣處理這件事，「越位！」他大喊，且直視著小男生們的眼睛讓他們分開來。場邊的兩位媽媽咯咯地笑著，利用足球規則是多麼有幫助啊，比叫他們不要再打了還要有效。這當中的紀律規則是所有男孩都知道且願意遵守的。比賽持續到父親們精疲力竭。直到此時，萊恩才發現他媽媽在場邊。「妳有幫我帶飲料來嗎？」他問道，臉紅通通的。萊恩的媽媽相當精準地認知到這時幫萊恩準備飲料是表示自己對兒子的自豪，雖然很想要給萊恩一個擁抱，不過在這個時刻兒子可能不會接受。

　　女孩之間的友誼比起男生之間的要來得強烈，而且常常是反覆無常的。我們已經看過當安卓拉的好朋友不願意跟她一起玩的時候，她是多麼的無助。小女生們喜歡一起做任何事情，分享祕密，玩著偏向想像、假裝的遊戲，以及一起天南地北地聊天。由

競爭和敏感所產生的爭吵並不罕見，有可能是因為女性較偏向於個人情感的細微調整，因此對於友誼的探索總是比較多慮。

　　六、七歲的孩子常常會誇大男女生團體的差異性，這個年紀的孩子希望和另一個性別更為分開。一位媽媽曾經帶過一個名為「彩虹」的女童軍小組，這個團體是由六、七歲小女生組成的。這位媽媽發現女生喜歡吸收與手工藝和藝術相關的知識，喜歡畫畫和玩桌上遊戲。同一時期，她的先生在隔壁負責另外一個名為「海狸」的男童軍小組，他的小組則較為吵鬧和好動，也較難管理。在學期結束的時候，他們安排了一場同樂會，由彩虹小組負責舉辦。當第一個男生抵達會場時，他卻顯露出相當尷尬和厭惡的表情。臉色泛紅地大聲抱怨著：「我不要進去，裡面都是女生！其他的男生呢？」其他的小男生們都在隔壁集合，似乎要先等到有足夠的人數，準備好心情才來面對女孩子們。

｜玩什麼呢？

　　在這個年紀，玩具和遊戲對鞏固友誼是很有幫助的，最簡單的玩具通常可以讓孩子發揮本能，利用想像力來產生創意的玩法。遊戲和畫圖是非常重要的方式，可以讓孩子們表達自己的想法和感受。事實上，有人認為孩子透過遊戲所學到的和他們在正規課堂上學到的一樣多，因為在遊戲的過程中有足夠的空間來消

化自己情感上的經驗。相對地，不玩任何遊戲的孩童則是絕對需要關注的。這些孩子可能太過於害羞或是煩惱，而且必須有特殊的協助來褪去他們加諸在自己身上的武裝。

　　孩子們透過分享在遊戲當中所表現出來的共同利益來營造與他人之間的友誼。在現代的生活當中，透過許多的媒體管道，孩童變成很多商品的消費族群目標，而對時下的流行和對事物的狂熱上他們也會相互影響。當某個玩具變成是「一定要擁有」的時候，我們便可以假設聰明的玩具設計者勢必在這項商品裡添加了某種可以讓孩童關注，並引起共鳴的元素，觀察一下孩子們會選擇的玩具便可以知道。

　　這個年紀的孩童喜歡收集東西，無論是收集松果、娃娃、貼紙、金剛戰士或遊戲王卡，很多諸如此類的例子，重點在於囤積資源。收集的行為可能代表孩子希望擁有更多的有力資源，在這個年紀，他們還不是很清楚自己與大人在能力上的差異，孩子可能會覺得當自己擁有很多物品的時候，表示自己可以擁有更多的能耐，可以幫助他們覺得自己擁有資源，足夠應付困難重重和競爭激烈的世界。和朋友交換所收集的物品是產生貿易行為的一種方式，或是廣義的付出與收穫，「你有什麼可以跟我交換？」也是某種合作的基

貼心小叮嚀

不用買太繁複太精緻的玩具給孩子玩，最簡單的玩具最能激發孩子的想像力和創意，他們可以「創作」出各種不同的玩法。

礎。

　　玩偶一直一來都是孩子最愛的玩具，尤其是對女生而言，其吸引力至少是其外表所意涵的完美女性形象。嬰兒玩偶會讓孩子們展現母性的一面，但受歡迎的卻是另一種洋娃娃。閃亮小天后（BratzTM娃娃，編註：2001年夏天美國一家小型玩具商MGA率先推出一個專為小大人量身訂做的另類娃娃「閃亮小天后」。她們身穿牛仔褲、流蘇、亮片，有著一張化妝誇張的臉，走小甜甜布蘭妮、珍妮佛‧羅培茲等當代流行天后的路線），具有六、七歲小女孩想要的那種活潑、十幾歲青少年、迷人、搖滾明星的形象。

　　棋盤遊戲則是可以讓孩子們在安全和遵守規則的環境下相互競爭，這些遊戲是驅使正向競爭力的好方法，且不會造成任何傷害。在這個年紀，孩子們可能還不太會玩，所以最後總是玩輸了，家長們常會要求自己稍微竄改規則以便讓受挫的孩子能夠贏幾場。

　　孩子們也喜歡自己發明遊戲和制定規則，瑞許的同班同學亨利，來家裡喝茶，他們開始玩起一個跟班上同學名字有關的遊戲。他們兩人一隊，瑞許的姊姊則代表另外一隊，姊姊就讀別的班級，可以有另外一堆名字來選擇。瑞許的媽媽則是裁判，裁判需要說出一個英文字母，哪一隊先說出班上同學名字的第一個字母是以這個英文字為開頭的就可以得到一分。利用這樣的方式來記住班上所有同學，將大家當作團體的一份子，是個蠻令人感動

的方式。六、七歲的孩子相當富有創造力，可以無中生有地發明新的遊戲和規則，且在與他人搶分的時候，還會加入自己的機智幽默。

要和哪種人做朋友呢？

有許多探討友誼的繪本是很有啟發性的，其中一本是安東尼‧布朗（Anthony Brown）的著作《大手握小手》（Willy and Hugh），內容描述了兩個很不一樣的人物產生了一段化不可能為可能的友誼。在故事當中，兩位主角不小心地「砰！」一聲撞在一起，個頭較小、經常被別人找麻煩的威利，對於大個子休伊居然向自己道歉，感到非常訝異。威利也說了聲對不起，從此兩人便成了好朋友。這對新朋友發現兩人之間有互補的優點，可以彼此幫忙。將欺負威利的惡霸們趕跑是休伊很擅長的事，但威利後來的表現則是後來居上，在休伊看到非常令自己害怕的小蜘蛛時，威利傾盡全力幫助他。常聽到別人說最好和自己一樣的人做朋友，但這個故事以一種幽默的方式來挑戰這樣的說法。

當孩子們面對周遭許多其他孩子時，他們會開始學習認識這個世

貼心小叮嚀

建立和經營友情的方式必須靠孩子自己摸索找出，大人們只能從旁協助。

界許多不同的面向，包括種族、膚色、宗教信仰和語言。在面對
與自己不一樣的人時，內在的許多因素會影響他們對這些人的感
受，學校鼓勵的態度在此扮演了相當重大的角色。聚會時間的合
唱可以讓這個年紀的孩子表達他們的好奇心，甚至某些歌詞是對
成人世界充滿了希望。以下兩首歌讓我印象特別深刻：

世界上的每一種顏色

我的頭髮是黑色，而你的是黃色；
我的眼睛是綠色，而你的是藍色。
世界上沒有一個人像我；
世界上沒有一個人像你。
如果你想要為每個人畫一張圖，
你會需要世界上所有的顏色。

出自《世界上的每一種顏色》（Every Colour Under the Sun）
由 Ward Lock Educational Ltd 授權

我生在這裡，我愛這裡

我的家人來自於許多不同的地方，

從遙遠的地方來到這裡，

我們說著不同的語言，

但我們都以自己為傲，

而不可否認的是，

如果你深入地了解我們，會發現相似的地方其實很多。

彼得‧高登（Peter Gordon，2000年）
由作者授權刊登（原著未出版）

　　學著如何順利地展開社交生活是一件複雜的事情，也是這個年紀的孩子最需要學會的。和諧的家庭生活與環境可以塑造友善的性情，而學校也積極地教導孩童在社交互動上的理解和觀念，但最終，孩子仍需要自己找到建立和經營友情的方式。雖然他們的交友圈會隨著時間改變和轉換，不過目前學習到的團體生活與陪伴關係可替長大後的生活奠下基礎。

（上）林柏偉／攝影　（下）楊文卿／攝影

第五章

怎麼教孩子識字閱讀

對許多家長來說，

學會識字閱讀是評估七歲孩子在學習能力上的重要指標，

有能力識字閱讀和喜歡書籍可以更加豐富個人的生命，

對於充滿許多可能性的世界開啟一扇門，

來探索各式各樣的知識。

本章內容探討閱讀有何重要，

以及它與其他能力的關係，

並分享多種閱讀策略幫助孩子養成閱讀習慣，

以及增進對事物的理解能力，

例如，教室裡的閱讀角落、利用影片協助閱讀、

安排親子共讀時間等，

最後還分析造成孩子閱讀障礙的原因及如何改善。

對 許多家長來說，學會識字閱讀是評估七歲孩子在學習能力上的重要指標。有能力可以識字閱讀和喜歡書籍可以更加豐富你的生命，對於充滿許多可能性的世界開啟了一扇門來探索各式各樣的知識。當孩子覺得有足夠的安全，可以面對這當中的困難時，便表示他們做好了心理上的準備。

貼心小叮嚀

家長是孩子最初的老師。

透過分類活動和許多機會去聯想練習字母與發音之間的關係，孩子經由協助開始發展識字閱讀前的一些技巧，教導他們辨識一些較常見的字形，並開始學習拼湊文法上的線索、發音和文字，以及從插圖上去解讀資訊，來擴展孩子們在識字閱讀上的能力。

不過大致來說，對於有意義的識字閱讀而言，這些技術上的事前準備還是其次，這件工作其實應該從家庭生活經驗開始。現在的教育方式認為家長是孩子最初的老師，倘若學校和家長共同合作，那對孩子在學習識字閱讀方面將更有效果。

閱讀和自我認同及學習其他能力有什麼關係？

雖然可能不是很明顯，但識字閱讀的基礎在從小的親子互動關係中早已建立。當母親對著嬰兒講話和唱歌時，小貝比便開

始學習口語的旋律和節奏。透過媽
媽聲音的慰藉，孩子開始將語言和
舒服的感覺連結在一起。當嬰兒長
大到幼兒時期，藉由兒歌、故事和
圖畫書所分享的溫暖感覺，會讓孩

貼心小叮嚀

小貝比透過媽媽
聲音的慰藉，將語言
和舒服的感覺畫上等
號。

子們知道聆聽的價值，和與他人溝通的重要性。若在日常生活中
家長願意且保持傾聽和溝通，並給予關心，他們便會想要了解他
人，以及被其他人所了解。

　　當孩子們看到爸媽在看報紙或書刊，或坐在電腦前工作，
或看到哥哥姊姊在寫功課，他們便會察覺到這些活動都是家庭文
化的一部分，這對於未來的自我認同可能也有著重要的影響。想
要和父母一樣的慾望讓孩子對於大人們喜歡做些什麼事情感到好
奇，因此便會對共同閱讀的活動感到興趣。

　　家長的支持和鼓勵是相當重要的，任何可以坐下來和孩子
一同靜靜地看一本書和各種印刷品的機會都會激發他們天生的好
奇心，而想要更了解外面的寬廣世
界，以及內在的想像世界。定期上
圖書館，和送書當作生日禮物，可
以讓孩子覺得識字閱讀是一件特別
且有趣的事情。

貼心小叮嚀

定期上圖書館，
和送書當作生日禮
物，可以讓孩子覺得
識字閱讀是一件特別
且有趣的事情。

　　倘若英語是家中的第二語言，
便可以理解孩子剛開始使用英語溝

你可能不知道，識字閱讀這件事早在嬰兒時期就開始了，越常和嬰兒說話，奠定的基礎就越穩固，長大之後的識字閱讀學習成效就越明顯。

通時會很困難，但是學校在正式開學前，都會試著和家庭建立起良好的溝通橋樑，了解孩子本身的文化和母語對於培養閱讀能力的影響。舉例而言，「故事小包包」是家長可以用來和學齡前孩子一起說故事的工具。在這個小包包裡有許多五顏六色的物品和照片，可以利用這些教具排列先後順序組合創造出一個故事，還有一本小書，書中的內容是家長與孩子一起杜撰出來的故事。現在有很多故事書都有兩種語言，包括語音和文字敘述，可以讓小朋友們在書寫文字上獲得更豐富的經驗。這些故事書對使用雙語的孩童們特別有幫助，所有的孩子都能從語言可以呈現許多不同類型的學習中得到好處。

學習識字閱讀的方式有很多種，並不是每個小孩都會經歷相同的階段，有些孩子可能不會運用適合其他人的策略。就像學習走路，很多小娃娃是先學會爬行，但是也有些跳過這個過程，某些人在剛開始學會移動身體時，會先移動臀部，或是翻滾，但人都會找到一種方式讓自己站起來，然後踏出第一步。同樣地，學習識字閱讀也是一樣，即使孩子是用不同的方式或不同的步調學習，他們最終還是學會了。雖然本書的內容不是針對學習識字閱讀，但這一大進步之後的關連，的確是值得探討的。

當家長或是老師讀故事書給孩子聽，以及和他們分享自己所知道的故事時，孩子們便會進入一種較為體貼和親密的關係，在這當中能夠思索自己的某些想法。孩童開始了解其他人的特質，但仍然還有一段

遙遠的距離才能夠做到像自己所喜愛的大人一樣。孩子喜歡別人讀給自己聽的故事，和自己可以讀的故事，這兩者在意涵的複雜程度上尚有很大的差距。一旦知道這兩者之間的差異，孩子恐怕無法處理。為了能夠閱讀，必須忍受有些能力並不是與生俱來的事實，還需要容忍不確定性，以及不順心時的挫折感和失落感。無論是對孩子或是對大人，在面對失敗時仍要保持希望，這件事情可能對於任何學習者都是很困難的。對某些孩童來說，會很驚訝地發現，學習並不是神奇地本來就會的，而是需要許多的勇氣、決心和彈性且不屈不撓地勇往直前，這些都是來自於過往被愛和被重視的經驗。就如同我們在前幾章所討論到的案例，某種程度的野心、叛逆和好強，都會是有益的特質，但若是這些特質過於強烈，也會妨礙學習的能力。孩子在探索對事物的理解時，也需要持續地仰賴大人們給予支持和指引。

閱讀學習策略

學校利用很多方式來教導孩子識字閱讀，包括讓所有的同學們產生歸屬感，以及在教室裡營造溫暖和安全的氛圍，讓孩子比較能夠接受和應對學習上的探險。這個年級的教室

> **貼心小叮嚀**
>
> 養成閱讀習慣不單是學校的責任，如能親師配合，在家裡也能養成親子共讀習慣，是最佳的閱讀學習策略。

中通常會有一個舒適的圖書角落，放置許多有插圖的故事書，或者一些班上同學自己寫的作品，可以讓大家閱讀，就像之前所提葛溫的故事。

老師們通常會安排一個星期至少讓每一位學生都有一次個別朗讀故事書的機會，且會試著讓這個成為和每一個孩子個別互動的特別時間。

老師也會定期讓學生帶書回家，並鼓勵家長主動和學校搭檔合作，在家中提供一段安靜的時光規律性地進行親子共讀。能夠單獨擁有一個大人的全部注意力，可以幫助孩子發展自信心和安全感，當所有學生可以一起坐在地毯上聽老師說故事，也是教室成為適合孩子識字閱讀環境的要素。

利用影片協助閱讀

　　很多英國學校在教導閱讀與書寫時，都會利用英國廣播電視網的「看與讀」系列節目當作補充教材，一共十集的精彩內容，替團體討論提供了充滿想像力的基礎。不同於其他傳統的節目是以廣告來作為每個段落之間的分段，這個系列則是點綴著一些非直述的方式，襯著音樂做文字練習。在較為深入的層面上，故事介紹且描述了孩子在學習識字閱讀時所面臨的困難和窘境，而教學輔助的象徵性內容特別讓人感興趣。

　　在坎貝爾老師的班上，學生們都迫切地想要觀看〈透過龍的眼〉系列影集，影集裡的人物已然成為班上文化的一部分，當中有三位小英雄——珍妮、史考特和阿曼達。在這個團體當中，三人的個性上各有不同的優點和短處。六、七歲的小觀眾們馬上可以在這些主角身上發現和自己相同的地方。故事中的三位主角本來是在老師的監督下，在學校操場的牆上繪製壁畫。正當阿曼達將畫好的一條龍點上眼睛時，這條龍突然活了過來，變成真龍，並且把他們三人帶入了故事中，到了一個名為潘拉瑪的神奇王國。葛溫，那條龍的名字，是他們的嚮導。牠告訴孩子們潘拉瑪快要被毀滅了，因此非常需要他們的幫助，因為他們識字，而葛溫和其他潘拉瑪王國裡的生物都不識字。「衛塔可」（一種由火紅炙熱岩石所組成且擁有魔法的物體）之前爆炸了，有三個「衛塔」（組成「衛塔可」的元素）不見了。衛塔可是潘拉瑪王國的

命脈，由「守護者」看管著，他們擁有一本古老的書籍，書裡告訴他們如何看管衛塔可。很不幸地，守護者們輕忽了自己的職責，且忘了怎麼識字和閱讀。更糟糕的是，守護者極盡所能地掩飾這一切的疏失，剛開始的時候甚至拒絕葛溫和孩子們的幫助。在葛溫的協助下，孩子們著手進行拯救潘拉瑪的計畫，想要找到遺失的衛塔，並將其放回衛塔可上。

因此，這個故事延伸的寓意是學習如何克服困難。珍妮很大方地承認自己並不是很會識字，接著吃力地讀出衛塔可古籍中的一段重要文字：「衛塔本身並沒有任何的魔力，必須與其他衛塔結合才會產生魔力。」

珍妮在腦袋中仔細思考著，然後發現：「我知道了，衛塔就像家一樣，他們要像家一樣地在一起。」

珍妮發現在自己的心中有個家庭的模型，這個模組可以幫助自己將新的想法組合起來，當面對困難的時候，這便是一種內在資源。從另一方面來看，衛塔就像字母一樣，需要組合在一起形成文字和句子，進而傳達出意思。學習識字閱讀，就像一種拼圖，將自己過往的經驗逐漸拼湊在一起。

〈透過龍的眼〉的主角受託要找到遺失的衛塔，在途中遇到許多重重阻擾，增加了任務達成的困難性。這些角色代表了自身不想要學習的那一面，在故事中，守護者似乎也持著一種寧願不知道的態度，他們不了解學習識字閱讀的重要性，或是他們發現這件事情太過於困難所以放棄，轉而選擇相信這一點也沒有關

係。孩子們需要舉例來說服他們
識字閱讀是值得的——這個技巧
可以溝通重要的資訊，並幫助你
不會跟世界脫節。

> 對於這個年紀的孩
> 子來說，可以掌控某種
> 程度的恐懼可能會激發
> 出相當有創意的成果。
> 而有效的學習常常也是
> 跟克服恐懼有關。

　　現在的孩子們也會因為使
用電腦而使用各種的協助工具小
精靈，這些看似有幫助的可愛絨
毛玩偶動畫圖案，結果卻是讓他們更困惑和分心。或許這代表著
六、七歲孩子較為調皮搗蛋和幼稚的那一面，可能妨礙了想要自
己努力克服學習上的困難，以及讓自己較為成熟的冀望。或許這
便是學生所需要等待的課題。

　　就像許多童話故事一樣，這個故事裡也有壞人。在這個年紀
的孩子由於正在發展道德觀，因此對於「好」與「壞」之間的戰
爭相當感興趣。故事中，惡魔強尼因為報復和貪求權力的慾望，
想要摧毀潘拉瑪，劇中孩子們對於惡魔強尼感到相當害怕，因此
需要另尋方法，用機智來騙過壞人。在教室裡觀看節目的小朋友
們有時候也會感到有點害怕，因此很重要的是必須在團體討論中
鼓勵孩子們說出自己對這個節目的感受。對於這個年紀的孩子來
說，可以掌控某種程度的恐懼可能會激發出相當有創意的成果，
通常都會是五顏六色和生動活潑的藝術創作，而且這些都會被布
置在教室裡，當作學習成果的一部分。有效的學習常常是跟克服
恐懼有關的，孩子會在不同的時候練習類似的技巧，例如，描繪

或縫製「惡魔強尼」的手偶，還有和其他人分享關於怪物、火龍和危險壞蛋的故事時。

當故事描繪出六、七歲孩子的想像世界時，例如像葛溫的故事，他們就會對寫作和閱讀感到興趣，也會喜歡跟朋友閒聊這些故事裡的人物和情節。這個年紀的孩童喜歡把大人讀給他們聽的故事重新改編，即使還沒有識得書中的每一個字，孩子也常常會翻著故事書，跟著插圖，描述自己重新編造的故事情節。相較之下，若是孩子們太專注於專業技巧，就會很難將這些故事情節串聯組織起來，然後就會覺得無聊或是感到挫折。另一方面，大人可以在孩子閱讀發展上給予很大的幫助，除了幫助他們學習到技巧之外，還可以鼓勵他們提出自己的思考和想法，如此一來，書籍便傳遞出一個有意義的世界。

為什麼孩子會有閱讀困難？

閱讀牽扯到整體的個性問題，同時有些感受，如擔心長大，在這過程當中也會扮演重要的角色。舉例來說，喬許是班上身材最高大的，但他的年紀卻是較小的。他常常繃著一張臉，經常向老師告狀，說其他人如何欺負自己，卻不願意將心思放在自己的功課上。事實上，只要班上發生什麼事，都會有他的一份。喬許一點也不想要和老師一起朗讀故事書，他似乎覺得老師會批評自

己，而非鼓勵他閱讀。在一次的家長會談中，喬許的老師提出這樣的問題和家長討論，喬許的爸媽很友善，並表示他們也發現在家裡很難控制喬許的情緒性行為。媽媽把他和三歲的妹妹金拿來比較，顯然較為偏愛妹妹，認為妹妹比較乖巧聽話。他們表示喬許在年紀小一點的時候也曾經是個令人憐愛的孩子，而爸爸現在擔心的是，要是喬許現在不開始用功讀書，以後就會找不到好工作。老師發現，他的父母在跟喬許說話時，似乎把六歲的他當作年紀更大一些的大小孩，而他高大的身材也讓其他人誤以為這孩子可以承擔更多的責任。

　　在這次的會談中，喬許的父母開始發現孩子可能承受很大的壓力。學習識字閱讀在喬許的心目中變成不是那麼有趣的活動，也讓爸媽不再那麼喜歡自己，他看不出來進入大人的世界裡到底有什麼好處。學校提供喬許的父母親一些方法來幫助他們更加鼓勵喬許，也安排他在學校中一個較自由且編制較小的團體當中。一旦喬許的困難得到重視與理解，他在閱讀識字和其他偏差行為上都逐漸有了改善。

　　有些孩童因為無法信賴權威者，因而覺得閱讀識字是件很困難的事情。他們很

> **貼心小叮嚀**
>
> 孩子不喜歡閱讀的原因千奇百怪，大人們必須有耐心地抽絲剝繭，找出問題的核心才能真正解決問題；有些跟內在和情緒有關，有些跟家庭環境有關，真正屬於醫學上的閱讀障礙者其實並不多。

想要成功，但卻不想忍受由別人來教導自己。不認真專注在課業上，反而表現的「頤指氣使」，指使其他小朋友該做些什麼，這也是一種學習障礙的表現。蘇西很喜歡假裝當老師，不肯認真地聽從指示。她的問題點是喜歡和大人對抗，蘇西想要不經由別人教導就可以「知道」，並且覺得自己困在七歲的軀殼裡相當難受。她閱讀識字的能力相當不足，可是要是有人糾正，蘇西會很難過，而且覺得對方是要貶低自己。蘇西蠻橫的態度也在交友上遇到了困難。她的老師在一次家長會談中發現了蘇西家中的問題，蘇西的媽媽是單親，筋疲力竭地忙於生活，而蘇西在家中卻是媽媽的好幫手。蘇西和媽媽接受了當地兒童與家庭社福機構的協助，在一段時間的定期諮商之後，兩人的狀況都有相當大的進步，蘇西不只成為一個喜歡閱讀的學生，也開始結交新朋友了。

相反地，若是孩子本身較為害羞，學習閱讀識字的過程也會較為困難。艾瑪是個非常害羞的六歲小女孩，她不太能夠分辨字母b和d。這其實是這個年齡常常會混淆的地方，艾瑪的老師，譚老師教她一個方式來記得這兩個字母，要她想著英文字bed，字母b是靠左邊的，而d是靠右邊的，這樣組成的字才會像床的形狀。艾瑪看起來還是很困惑，當老師問她哪裡不了解的時候，艾瑪小聲的說：「我不懂。」她指著字母e說道：「這個不好。」譚老師不太了解艾瑪到底想要說什麼。但在這之後譚老師參加了一個研討會，主題是關於孩童情緒發展。在會中，譚老師將這個奇怪的互動跟大家分享，大家認為艾瑪可能認為e是代表自己

（Emma），而她對於自己處於中間的位子可能有一些想法。之後當譚老師有機會和艾瑪單獨說話時，老師問她到底是怎麼一回事，此時艾瑪可以解釋原因了，那是因為晚上當艾瑪感到害怕的時候，會想爬上父母的床，擠在爸媽的中間，但總是被送回自己的房間裡。這個案例顯示，對孩子而言，字母和單字有時候代表著某種個別和私人的意義，可以是一種用來表達心中思考的方式。

柯曉東 ／攝影

第六章

孩子在擔心什麼？

在本章當中，
我們會探討一些關於這個年紀的孩子可能會有的焦慮，
如罪惡感、擔心爸媽感情不好、害怕床底下有怪物、
對情慾的好奇、長大之後會像誰等各式各樣的擔憂；
也會討論到家長在這時期所關心的事物，
包括孩子對食物的選擇、
電視、電玩的誘惑及陌生人的危險。
為什麼「公平性」對六到七歲的孩子來說，是那麼重要，
而他們又為什麼要講會令人尷尬的笑話，
甚至對人惡作劇呢？
答案都在此章節裡。

長大是件令人困惑的事情，就如同我們所看到的六、七歲孩子，他們正在快速地發展自己的技巧和能力，這些能讓他們以更恰當的方式參與成人的世界，不過也會帶來許多的不確定性。這是自我矛盾的一種，在我們的生命歷程中還會不斷地遇到，知道的越多，也就越清楚其實我們所知的真的是太少了。甚至更讓人困惑的是，可能知道的越多，就更希望自己什麼都不知道。尤其是對七歲的孩子來說，利用才剛剛學習到的識字、社交察覺和抽象思考的能力，正要開始認識了解周遭的事物。他們可能覺得自己可以掌握的時候變多了，但他們不成熟的那一面個性也很容易出現。有時候，過於害怕對自己而言太困難的狀況時，也會讓孩子感到退怯，且會以難以理解的焦慮展現出來，而令父母親感到困擾。在這一章節中，我們會探討有一些特徵是關於這個年紀的孩子可能會有的一些焦慮感受，也會討論到家長們會關心的典型事物。

▍罪惡感

這個年紀的孩子開始會擔心有時候心中的妄念會傷害他人，或是對大人的指示陽奉陰違所造成的壓力，因此罪惡感也會在此時變得較為明顯。在一個夏日傍晚，在第二章裡提到的娜蒂，正在和已是青少年的同父異母姊姊玩水槍，她眼角的餘光瞄到一隻

不尋常的飛蛾，偽裝成一根小樹枝。姊姊開玩笑地說那是從外太空來的外星人，假裝要用手中的水槍把牠給射下來。娜蒂大叫起來，把姊姊的話當真，拿著自己的水槍，拚命猛烈地朝那隻飛蛾噴水，直到把牠射下樹頭為

> **貼心小叮嚀**
>
> 為什麼小孩愛聽鬼故事又怕鬼呢？其實就某個層面來說，孩子還蠻喜歡被驚嚇的感覺，因為可以學習如何控制因未知的事物所引發的恐懼。不怕，就表示又更接近大人一步了。

止。但過了一會兒，娜蒂感到相當自責，她試著用落葉支撐住飛蛾的身體，但是沒有成功。情緒稍微緩和後，娜蒂衝進家裡，告訴媽媽事情的經過，害怕啜泣著說道：「飛蛾國王現在會來把我抓走。」

　　幸好，媽媽能夠正視娜蒂的擔憂，她們一起去檢視那隻受傷的昆蟲，發現牠已經沒事了，讓娜蒂鬆了一口氣。

　　我們不確定娜蒂說到飛蛾國王的時候，心裡到底在想什麼，但她相信一定有一個對象會報復自己，來懲罰自己的行為。父母並不是那個會報復自己的人，但會受到懲罰這件事很清楚地存在於她的想像世界中。娜蒂顯露出感覺有罪的模樣，雖然不確定她為什麼會有這樣強烈的罪惡感。很多這個年紀的孩子對於「爬行動物」相當的熱衷，並利用想像力將其轉化成「吸血鬼」、「黏黏的怪物」等相似的物體。如此一來，他們便可以將自己惡意卑劣的感受拋棄掉，轉嫁到這些不幸的生物身上，就是這些對他們

而言，是相當恐怖和嚇人的。就某種程度來說，孩子還蠻喜歡被小怪獸驚嚇的感覺，如此他們就可以學著如何掌控因其他未知事物所引發的恐懼。然而，在這個案例當中，娜蒂的擔憂是關於自己具有毀滅意圖的感受，但這樣短暫的情緒卻超過自己可以控制的範圍。娜蒂知道爸媽正在討論要不要再生一個小孩，當她在攻擊飛蛾的時候，心中充滿著對同父異母姊姊的妒忌，以及可能要面臨新手足競爭的想法。類似娜蒂這樣的非理性焦慮其實在這個年紀是很常見的，並因此對很多事物產生擔憂。

「爸爸和媽媽還好嗎？」

若是孩子可以直接用口語表達，焦慮就不太可能產生，然而偶爾還是會有難以表達的時候。孩子們已經知道父母不是全能的，便會針對爸媽較為脆弱的部分表示多一點的關心。單親家長或有衝突存在的父母，常常會讓較為敏感的孩子替他們擔心。每一天的生命當中，難免都會有一些暫時的小問題，只要是讓孩子基本上還處在一個仍受疼愛和被需要的環境下，孩子們看著父母親如何面對各種不同的難題，對他們來說是無傷大雅的。相反地，我們不可能完全保護孩子免於生活上的困逆。但是孩子們是相當敏感的，會注意到情況可能不太順利，所以最好是在適當的時候讓他們知道目前所面臨的難題。

▍「我會像誰一樣？」

　　小男生在這個年紀會尋求男性角色的典範，並且思索自己的男性特質及將來會成為什麼樣的男性？無論基於什麼樣的原因，若是男孩在長大的過程中缺少父親這個角色，就會透過母親來探索男性應該是什麼樣子的。因此，若是母親對親生父親有著負面的評價，並灌輸兒子這樣的想法，對孩子來說，想要了解男性應該是什麼樣子應是更加困難的。他們會擔心當自己長大之後，會不會變成像媽媽所詆毀的父親一樣。這種時候，無論是其他的家庭成員，或是母親支持系統中的朋友，若是有具有好父親榜樣的男性，對孩子會有很大的幫助。對女孩來說，或是身處單親家庭中的孩子，無論是男生或女生，同樣的狀況一樣會發生。當孩童必須要生活在寄宿家庭或領養家庭時，通常是因為原生家庭發生了很嚴重的問題，因此對孩子來說，就會更敏感於擔憂自己以後會像誰這個問題。在孩童的身分認同上，無論原生父母是住在一起或分開，甚至生歿與否，他們仍佔有大部分的影響力。即使孩子並不認識在自己生命中缺席的那位家長，仍然會對這個角色有著自己的想法和揣測，然而，若是能夠不需

> **貼心小叮嚀**
>
> 這個年紀的孩子會開始尋求角色典範，很擔心自己以後會像誰？雖然基因的確會影響個性，但生命中的經驗才是個性形塑的主要推手。

要太過於鉅細靡遺的解釋，而是很直接地回答孩子的疑問，對他們將會相當有幫助。但是很重要的是，家長也需要知道每一個孩子都是獨一無二的，基因的確會影響個性，不過生命中的經驗才是更重要的。

對情慾的好奇

　　七歲的艾咪很喜歡玩芭比娃娃：幫她們換衣服、梳頭髮，帶她們在自己的想像世界中逛街和開茶會。當阿姨送她一個男生的娃娃，肯尼，增加她洋娃娃的收藏時，她卻不太確定要如何把肯尼納入自己的故事中，她覺得男生和女生可能會去迪斯可舞廳跳舞，然後接吻，並做一些她懷疑爸媽在晚上會一起從事的活動。於是艾咪決定脫掉肯尼的褲子，希望可以解開這些祕密。她很失望地發現，肯尼並沒有陰莖。現在艾咪覺得肯尼很討厭，因為是他讓艾咪想要去探索那些讓自己很疑惑的事物。她決定要讓肯尼以一種很不一樣的方式參與自己的遊戲。艾咪用緞帶緊緊地把肯尼包起來，並決定他要扮演埃及木乃伊的角色，就像自己在學校學到的一樣。當艾咪把肯尼層層包裹起來的時候，也象徵著自己想要掩飾對於情慾上的好奇心。一旦艾咪把肯尼包起來，放進抽屜裡，便完全忘記了他的存在，然後她又可以回頭和其他女生洋娃娃們進行茶會，而且不會受到任何打擾。

　　艾咪，就像其他這個年齡的孩子一樣，對於跟兩性有關的事物同時感到好奇和排斥厭惡。她跟母親特別要好，且相當妒忌爸媽之間的關係，因為這個關係將自己排除在外，並導致了妹妹的出生。雖然艾咪很喜歡看青少年的電視節目，像流行歌曲排行榜，其中有很多節奏強烈、令人興奮的舞蹈和歌曲。她本身正處在一個階段上，已經不像一年前那樣喜歡洋裝和裙子，反而只穿褲裝。雖然艾咪知道自己在性別成熟上還有一段遙遠的距離，但她似乎試著阻止自己對這一件事的認知，以及就像肯尼一樣，在生理發展上尚不足以讓她可以進到成人的情慾世界裡。艾咪對於可以把自己想要參與的渴望暫時放一旁而鬆了一口氣。在和洋娃娃的遊戲當中，她把對兩性情慾上的興趣轉移到和學校相關的事物上。埃及木乃伊來自很久以前的遙遠國度，至少在這個時候，六、七歲的孩子還是會在自我和想要的事物之間保持一段距離。

　　換句話說，孩子對於父母之間，還有其他伴侶之間的關係會感到相當好奇，這類關係被視為是相當刺激興奮的，而且會在類似操場上玩的「親吻－追趕」的遊戲當中展現出來。他們特別感興趣的是，用來鞏固大人之間親密關係的，溫柔和關愛的感覺，特別是當他們在家中經歷到父母親彼此之間的那種感覺。孩子自己可能會發展出以一種真誠的態度，愛慕著某個「甜心」。在一本由佛列妲‧

> **貼心小叮嚀**
>
> 六、七歲的孩子對情慾和兩性相關的事物，是既好奇又排斥厭惡。

溫尼斯基（Frieda Wishinsky）和尼爾‧雷頓（Neal Layton）所著的《珍妮佛‧瓊斯不會拋下我》（Jennifer Jones Won't Leave me Alone）的小書中，就廣泛地探討了這些相關的主題，書中以感人的方式描述了兩位同學之間的戀情。

廁所幽默與焦慮

孩子們現在比較能夠自己打理個人衛生，我們會希望他們絕大部分自己解決，無論實際上或感覺上而言。吃東西是屬於社交和公開的，上廁所則是較為私密的，對於這個部分，我們希望能夠越省事越好。這個年紀的孩子越來越能理解什麼事情是一般社會大眾可以接受，而什麼事情又會是被稱作沒禮貌的，但後者對孩子來說，顯然具有一種無法忽視的吸引力。當我們談論到較為孩子氣的幽默時，通常指的是和生理相關的。

很多受歡迎的兒童節目會探討孩子喜歡的議題。舉例而言，「報復」（Get Your Own Back），英國的一個問答節目，節目中由孩子來提問家長，要是家長沒有答對，便會掉到一個看起來像是膠狀穢物的大水缸中。孩子可以透過自己私密的生理

貼心小叮嚀

當孩子喜歡開生理私密玩笑時，有可能是他們處理焦慮的一種方式。請不要先急著罵孩子，了解情況後再說。

功能來得到擁有控制權的感覺，且更進一步了解尷尬的感受是什麼。

　　拐騙祖母坐在會發出放屁聲的坐墊上是多麼有趣的一件事情！不過這樣的幽默在某種程度上是與焦慮有關的，孩童總是擔心自己搞砸事情或被取笑。因此故意做出讓祖母出糗的這種誇張行為，可能是他們用來處理焦慮的一種方式，利用捉弄別人的方式，讓自己可以站在一個安全的距離內，正視自己的焦慮感受。還好，通常祖母都還蠻有幽默感的，不會和小孩計較。

床底下的怪物

　　上床睡覺代表著放手，孩子們相信大人可以在自己睡覺時將一切都打點妥當，因而將身體和心理放鬆下來。但若是孩子的情緒受到干擾，無論是何種原因，上床睡覺就會像是短暫的分離，需要一些準備工作。蠻多六、七歲的孩子在睡前會發展出固定的儀式來消除焦慮。艾里要求爸爸在他每天準備上床睡覺前都要查看一下床底下，檢查看看有沒有怪獸躲在底下。這已經成為每天都要進行的例行公式。有些孩子會要求打開窗簾，直到他覺得透進來的光線是足夠的，或相反地，讓房間裡暗一點。另外還有些孩童很在意自己該如何裹進被子裡。有個小時候際遇坎坷、如今住在領養家庭的七歲孩子，他堅持晚上睡覺的時候一手緊握住繩

子的一頭，另一頭則是睡在另一個房間裡的養母手中，孩子認為這樣一來如果自己做了惡夢，一拉繩子媽媽就可以馬上來到房裡。晚上的時候，便是擔憂浮現心頭的時機，特別是有關失去的恐懼，還有因自己不好的念頭或偏差行為，而怕有人來報復的擔憂。

　　一個固定的習慣和某些睡前的儀式是相當有幫助的，可以讓孩子放鬆，並準備睡覺。事前大家所同意的上床時間，可以減少認為父母親很專制所引發的爭執，刷完牙後要洗澡是儀式的一部分。電腦遊戲，尤其是那種刺激興奮、有競爭性的，會讓孩子的情緒更為激動的遊戲，在這個時候會讓孩子們上床睡覺變成一件相當困難的事情。一起讀故事書，或聽故事CD，相反地則有鎮靜和平緩的效果，可以讓孩子準備進入睡眠狀態。孩童常常會在就寢時間想要談論他們心中正在思考的事情——學校裡的議題、朋友或在想像與現實之間所混淆的事情，像娜蒂和飛蛾國王。花幾分鐘的時間，認真聽一下孩子想要講的事情，無論內容是什麼，即使有些事情還蠻無關緊要的，內容又很冗長，但都是他們當下感到困擾的。就如同我們所看到的，這個年紀的孩子無法每一次都以相當具邏輯性的方式來傳達自己的感受。不過要小心孩

> 貼心
> 小叮嚀
>
> 夜晚是擔憂浮現心頭的時刻，特別是有關「失去」的恐懼，還有因自己不好的念頭或偏差行為，而引來別人報復的擔憂。

子藉由這種戰術來拖延睡覺時間，必須要讓他們知道，爸媽會堅持原則且公平地執行約定好的睡覺時間，若有需要，即使話還沒說完，也會轉身離開。

當要「關燈睡覺」時，有時孩子關心的其實是爸媽的心情狀態；的確有些時刻，家長確實也會感到脆弱。無論如何，讓孩子知道，至少有一位大人是可以關心孩子的，而非相反地讓孩子來擔心爸媽。

一旦建立起良好的慣性儀式，上床睡覺大概就不會是麻煩。在這個年紀，孩子通常會知道惡夢就是夢的一種。長時間地做惡夢和失眠是很少見的，倘若持續了一段不短的時間，建議諮詢一下家庭醫師，以便轉介到兒福團體或其他類似的機構。

「不公平！」

遭受生活中的一些挫折時，孩子通常會遷怒爸媽，並把「不公平」掛在嘴邊。若是我們認真傾聽，就會發現其實當中不僅是任性抱怨而已。在六、七歲這個階段，孩子會開始探索了解這個世界較難以理解的部分，除了爸媽來當他們表達意見的實驗對象，還有誰能夠幫助他們忍受這些痛苦的事實呢？如果家長能夠了解孩子此時正掙扎於某些困難的想法中，也就比較能夠理解孩子認為不公平的感受了。

首先，孩子們會發現自己和爸媽，以及和年紀較大的孩童都不一樣，他們必須忍受自己對很多事情的不熟練。事實上，兄姊們會做的事情比自己要來得多，這的確是一件難以忍受的事情。舉例來說，母親節那天，萊恩的哥哥姊姊決定把早餐拿到樓上房間給媽媽吃，萊恩想要負責烤吐司，還想把裝著早餐的餐盤拿上去，但哥哥姊姊說他可能會在使用烤麵包機時燙傷自己，或在樓梯上打翻茶壺。孩子們吵了起來，鬧到父親得介入調停，萊恩抗議著說：「你們什麼都不讓我做！這一點都不公平，媽咪會喜歡我烤的吐司。」萊恩相信媽媽比較喜歡哥哥姊姊，因為他們在準備早餐這件事情上，要比自己更像大人。事實上，因為哥哥姊姊的能力太好了，讓萊恩覺得自己是多餘的，一點也幫不上忙。爸爸為了安撫萊恩，建議由他拿母親節卡片給媽媽，但萊恩還是心情不好，一直到媽媽分他一片吐司，他才覺得好一點。有可能是因為萊恩了解到事情都恢復原狀，自己也鬆了一口氣。畢竟，應該是母親來餵孩子，而不是孩子提供食物給媽媽。就像很多六、七歲的孩子一樣，萊恩想要參與家中的事務，但當手足之間出現了某些差異時，就很容易產生不公平的感受。

在這個時期，生命中很多難以理解的事實，會讓孩子覺

> **貼心小叮嚀**
>
> 在六、七歲這個階段，孩子會開始探索了解這個世界較難以理解的部分，除了爸媽來當他們表達意見的實驗對象，還有誰能夠幫助他們忍受這些痛苦的事實呢？

得不公平，例如人會死亡就是其中一件。慢慢地對於時間的流逝有更多的理解之後，孩子們會開始認知到自己所愛的人也會長大年老，他們漸漸知道父母親和祖父母們的生命長度是有限的，且和自己的不太一樣。從另一個層面來說，同一

個班上的同學們的學習速度也不盡相同，或同一個家庭中的孩子們所需遵守的上床時間也不太一樣，有些家庭買得起孩子想要的每一個玩具，有些家庭卻負擔不起，不公平的事情比比皆是，無法盡數。但儘管如此，對於廣闊世界有較多理解的我們這些大人，也知道六、七歲的孩子所懂的事並不夠多，他們尚未見識到政治上的不公及社會上的不平。

　　孩子抱怨的原因主要是，他們認為事情應該是要公平的，然而他們理所當然期待的某些事物卻給剝奪了。這些都是廣泛理解的一部分，在這個年紀，即使我們多麼希望能夠簡單化，有著清楚的規則和可預期性，但生命仍是如此令人困惑。家長無法讓世事公平，但藉由人與人互動時心懷公平的原則，便能夠幫助孩子了解事實，並且明白自己需要很長的時間才能夠長大，才能學會和體會更多事物。

> **貼心小叮嚀**
>
> 家長無法讓世事公平，但藉由人與人互動時心懷公平的原則，便能夠幫助孩子了解事實，並且明白自己需要很長的時間才能夠長大，才能學會和體會更多事物。

家長的擔憂

食物

　　食物象徵家長給予孩子的愛與關懷，當孩子年紀小的時候，餵食這件事情大多是在大人的掌控之下，現在大人的管控已漸漸減少。現在有許多的擔憂是在於學校提供的食物品質，是關於在兒童電視時段中播放太鹹、太甜、過於油膩的食物廣告，以及同儕團體有關飲食的壓力。在很多西方國家中，肥胖都是一個嚴重的問題，家長要如何才能維持孩子的健康？有一個重要且必須考慮的因素是，要孩子對食物做出正確的選擇是有困難的，因為他們經常想要和其他同學一樣。很多學校都提供了「健康」的食物，但要孩子去挑選這些健康的食物似乎不容易。有些家長為了避免這樣的情況發生，便會送便當去學校。孩子會有一陣子偏好吃外送的便當，之後又會想要換吃學校提供的午餐，然後過了一段時間又換回來，完全看當時他的朋友們偏好什麼食物。在這個年紀的孩子會突然決定不再喜歡花椰菜、番茄或其他原本喜歡的食物，通常這都關係到對某些權威的人事物的一種對

貼心小叮嚀

　　食物象徵家長給予孩子的愛與關懷，但這個階段的孩子大多會受到同儕的影響，在食物的選擇上，不能盡如家長的希望，但愉快的用餐氣氛和開心的享受食物，是不是比強迫孩子吃某種食物來得更重要些呢？

抗。凱斯‧葛瑞（Kes Gray）和尼克‧雪瑞特（Nick Sharratt）
所著的《把豆子吃掉》（Eat Your Peas）是一本描述執著於食物
的有趣故事書。故事當中，一個孩子拒絕吃掉盤子裡她不喜歡的
豆子，但是媽媽不停且拚命地搞笑地威脅利誘她把豆子吃下去。
書中有一幅插圖是媽媽展示自己穿戴著看似由豆子做成的耳環和
項鍊，暗喻著母親在某些方面是有所限制的，而這些限制是孩子
覺得「難以下嚥」的。故事的最後，母女兩人終於達到雙方都樂
於接受的協定，書中寓意也很清楚地表達出，有時候家長可能過
於關心孩子應該要吃某些食物。事實上，當看到家人都愉快地享
受食物，和感受到用餐時間不是這麼緊張的時候，孩子對於食物
的愛好也會隨著時間有所調整。

電視、電腦與電動玩具

　　坊間的確有些針對這個年紀的兒童所製作的優秀電視節目，
在辛苦的一天結束時，觀賞這些節目的確是很好的放鬆方式。
「節目分級」的觀念，幫助孩子
們能夠善用遙控器上「關」的按
鈕。看太多的電視，就沒有時間
從事其他的活動。的確，有很多
為孩童設計的好玩的電腦遊戲和
傑出的網站，都很有趣且富有教
育意義，能夠幫助孩童加強相關

> 貼心小叮嚀
>
> 將電腦上鎖和設定攔截阻止孩子前往不該看的網站，是父母可以防止孩子沉溺於網路虛構世界的方法之一。

技巧。另一方面，因為電腦遊戲的快速獎勵和無止盡的挑戰，提供過多的刺激，容易讓他們招架不住。一個媽媽就發現，七歲兒子玩掌上遊戲如果超過半小時以上，

似乎就會較不耐煩，脾氣也較為暴躁。簡單來說，家長需要主動引導，幫助孩子們使用這些媒介。爸媽需要更加小心有線電視的節目內容，有太多是與暴力、恐怖和性慾相關的議題。網路也一樣，孩子們有太多機會不小心點入不適當的網頁。將電腦上鎖和攔截阻止孩子前往不該看的網站會有很大幫助。

獨立與危險

隨著孩子展露出越來越獨立的企圖，家長便會開始擔心他們的安危，要如何在這危險的世界中保護他們的安全。這個年紀的孩童會在大人的看顧下學著自己穿越馬路，但判別來車的速度對他們而言，仍是相當困難的事情。家長們通常也會擔心類似險惡狡猾的情境，自然而然地提醒孩子不能和陌生人接觸的重要性，包括陌生人給的糖果，或是陌生人說要順道送他回家等等。如果孩子在日常家庭生活當中，就接觸觀察到其他人很認真地看待「不」或是其他拒絕的形式，到了六歲這個年紀，他們就會清楚地知道自己喜歡和不喜歡的事物。同樣地，孩子在這個時候若是

擁有足夠的安全感，便會了解肢體上的接觸在家庭成員之間是恰當的，但和陌生人之間則是不允許的。我們難以判別，對孩子來說，現在的社會是否比以前要來得危險，但大眾逐漸意識到社會當中所潛在的危險，若成人能適當且事先提醒孩子，他們就會更加平安。

> **貼心小叮嚀**
>
> 當孩子開始展露他想獨立的企圖時，父母該如何安心地放手？家庭平時良好的互動及事前的提醒警告和演練，對孩子都是有幫助的。

【結論】

慶祝成長的豐收及
邁向下一個階段

隨著暑假的來臨，學校的年度課程也即將告一段落，此時便是驗收這一階段的發展成果，以及思考未來方向的時候。在英國，七歲孩童在夏季學期開始之時會參加全國學力測試，以檢測學生的能力是否已達到所期望的標準。雖然所有的學校都很低調地處理這件事情，但這個測試結束後所有人都可以鬆一口氣，並將其拋諸腦後。

接下來便是慶祝這一年中所有成就的時候，有許多的年度成果發表會、夏季節日和慶祝活動等。

夏季成果發表會是一個歡樂有趣的活動，每一個人，包括老師、學生和家長們，各司其職、卯足勁地策畫和排演。製作色彩繽紛的戲服，編排歌唱和舞蹈，以及編製音樂，期望能夠提供絕佳的娛樂演出。

這個機會可以讓孩童們大放光彩，讓身為觀眾的父母親及家人替孩子感到驕傲光榮。許多的照片和錄影，為家長和孩童見證這個值得紀念且一輩子珍藏的時刻。

　　坎貝爾老師的班級表演節目是改編班上孩子們最喜歡的團體功課——「潘拉瑪又有麻煩了」，節目中融入他們最喜歡的角色，以歌舞劇的方式帶領著觀眾到許多不同的地點去尋找遺失的「衛塔」。安卓拉參與在沙漠中的一幕，他們需要騎在駱駝上唱歌，接著是蓋瑞和米娜將在電腦的奇幻世界裡扮演其中的角色。像電腦桌面玩偶一樣穿著毛絨絨的戲服表演類似雜耍的舞蹈，包括把圓滾滾的不倒翁變成一個厚臉皮多話的樂器。薇拉瑞的角色則是置身太空的場景，穿著銀色的戲服，像太空漫步般邁著大步緩慢地走著。同時，卡羅則是心無旁鶩地在自己的任務上，等待輪到他時，開始彈奏打擊樂器。萊恩一直在練習大聲且清楚地朗誦旁白。在這一天，一切的努力都有了完美的成果。最後的結尾是一段有趣的大合唱，「穿越過每座高山」將整個表演帶到了最高潮，觀眾們臉上閃爍著誠摯的笑意，眼眶中打轉著淚水，給予孩子們如潮水般狂熱的掌聲，久久不停歇。

　　一旦成果發表會的興奮感逐漸消退後，還有一段時間可以從事一些讓孩子們較容易適應下一階段學校生活的重要工作。七歲的孩子們知道很快就要和老師道別，並且準備面對下一個學習階段的改變。在英國，要從低年級當中最年長的，變成到中年級裡年紀最小的這段過程，會讓孩子們覺得相當挫折和沮喪。這代表著老師對自己的期望會有所改變，或許也會有一些額外的優待。很多學校都很貼心的協助孩子們順利度過這個轉換期。

　　在坎貝爾老師的班上，每一位小朋友都收到來自下一學期

即將就讀年級的同學所給的一封信，告訴他們中年級和低年級有哪些不一樣的地方，而又有哪些是相同的。萊恩收到路克所寫的信，路克說他們中午有社團活動，可以學習如何玩西洋棋，可以用原子筆寫字，不再需要用到鉛筆，而且有一個全新的圖書館是中年級以上才可以使用的。但缺點是，功課比較多，如果太頑皮會被罰課後留校，而且第一堂課比低年級班要早五分鐘開始上課。這些訊息對於萊恩而言，很清楚地告知他未來要忙碌的事情是越來越多。低年級的同學們也很有禮貌地回了一封謝函給對方，並且在團體討論課時一起討論，和大家分享自己對於中年級的生活有哪些期望，以及不希望遇到什麼。之後，坎貝爾老師帶著他們去拜訪中年級的教室。

　　無論是這樣的方式，或其他更有效的方法，都是為了要讓孩子準備好向前再跨出一步。但有些孩子對於要告別原有的生活，離開在低年級時所培養出來的安全感，並且和從來不會把自己留校察看的親切老師說再見，是相當痛苦的。

　　在這本書當中，我們試著打開一扇新門，以充實我們對六、七歲孩子生活世界的理解，所以，有些話到最後是要告訴他們。萊恩在暑假的時候仔細地思考了自己在生活及內在型態上的改變，他問媽媽是否可以使用她的筆，他想寫一個故事。萊恩在寫這個故事的時候，很明顯地思考要如何成長和長大，故事的名字是「瓢蟲身上的點點」：

從前有隻瓢蟲叫作湯姆，

牠是一隻相當友善的瓢蟲。

有一天，這隻瓢蟲去拜訪牠的爺爺，

爺爺告訴牠，當牠身上有了一點，牠就可以跳躍，

當牠身上有兩點時，牠就可以去游泳，

當牠身上有三點時，牠就可以爬到很高的地方，

當牠身上有四點時，

牠就可以把東西變不見，之後卻出現在其他地方，

當牠身上有五點時，

牠就可以騎著一台有著黑點點的腳踏車，

當牠身上有六點時，牠就可以和人類對話，

當牠身上有七點時，牠就可以跳級，

當牠身上有八點時，牠就可以長命百歲，

所以湯姆有一個很棒的生活。

　　這就是萊恩在進入八歲這個階段所希望的，故事並表達出：希望下一個學年，他也能提供自己「一個很棒的生活」。

柯曉東／攝影

——第二篇——

蓄勢待發的酷傢伙
8-9歲孩童

文／碧蒂‧由耶爾（Biddy Youell）

【介紹】

在人生的第八年到第九年之間有什麼不一樣的地方嗎？家長和老師應該對這個年紀的孩子有哪些期望呢？八歲的孩子和十歲的兄姊，或是六歲的弟妹們到底有哪些不同呢？

只單看一歲的差異，當然不夠精確。即使同樣是八歲或九歲的孩子們，在生理、心理和情緒上的成熟度都不盡相同。在這個剛滿八歲但不到十歲的年紀當中，每一個孩子都會面臨許多的變化和重要的成長。無論是從家長、親戚、朋友和專業人士的角度，本書會提供大多數孩子所經歷的狀況，以衡量我們所知道的八、九歲孩子的模樣。還會描繪出在這個年紀所謂「正常」的特色，每一章節都會討論一些複雜的因素，以及孩童在經歷和發展過程中的變數。

這個年紀稱之為「潛伏期」，在這個階段孩子們稍微中斷他們早年的騷動和熱情，而將注意力轉移至外面的世界中。當孩子開始與家庭以外的世界建立關係，以及面對新的任務和挑戰時，對於家庭的依賴會持續地減少。學校在過去三年來都是他們生活的一個部分，但在這個時候，從某些角度來說，學校變得更為重要。在英國，孩子在七歲的時候從小學低年級進入中年級，這可是求學過程中很具意義的一個轉折點。

對於自我認同的疑問已不只是侷限在家庭生活之內，孩子不僅是爸媽的小孩，而是一個單獨的個體，他們是以更為複雜的方

式來定義自我。孩子不只會用名字，還會以就讀的學校、年級、居住的地區、最喜歡的足球隊，甚至是以交友圈來描述自己。

　　若一切順利，孩子可利用早期經驗所建立起的穩定基礎，在「潛伏期」這幾年當中熟練新技巧和累積知識。正當孩童們在逐漸了解這個世界時，同一時間內，偶爾也會造訪一下自己的想像世界，那個神祕奇幻的國度。他們正在發展對與錯的觀念，且可能非常專注於是非公平的議題，認為這個世界充滿著「好的」和「壞的」，並強烈傾向故事有一個好的結果，比如，好的一方最後戰勝壞的一方之類的快樂結局。例如，在這個發展階段，孩子們對於像保護瀕臨絕種生物的相關議題非常有興趣，且對如節約能源和資源回收等環境保護措施展現出無比的熱情。他們需要相信自己是可以改變社會，當接收到生命當中還有一些較為殘忍的事實時，會產生窒息與無力感。

　　這個年紀的孩子會熱衷於收集物品，它們代表著某種叛逆和競爭的元素，也提供機會，讓孩子發展協商溝通的技巧，和練習評估事物的相對價值。孩子對於獲得獎牌或貼紙有著熱烈的回應，在獲得獎賞和認同時會感到興奮和高興。

　　八、九歲的孩子在生理的發展上有著極大的不同，有些已經開始長高，看起來就像是即將要邁入青少年時期。其他的則還有著圓圓的臉，並帶著一點稚氣。到了九歲的時候，可能有些女孩已經有了初經，雖然生理上的成長可能和情緒上或心理上的發展並不同步，但對絕大多數來說，這年紀是男女生會選擇與同性交

朋友，而自覺無法忍受異性的時期。

　　接下來的各章節會分別探討八、九歲孩子在各方面的發展，當中所描述的案例都是來自不同家庭、團體和學校，為了保護當事人，所有的名字和細節均已修改過。

第一章

家庭的轉變

本章內容極其豐富，探討的層面非常廣泛，
從孩子與父母、兄弟姊妹、祖父母到其他親戚之間的互動開始描述，
並深入每段關係背後所隱藏的問題與意義，
尤其對心理情緒的剖析更是精確。
書中並提及現今家庭各種不同的組合型態，
有單親家庭、雙親家庭、寄養家庭、領養家庭、同性戀家庭等等，
以及對孩子造成什麼樣的影響？
何謂「正常」的家庭？
孩子又是如何看待破碎的家庭？透過真實案例的呈現，
讓我們更清楚孩子的問題所在。

小孩為什麼不再黏我了？

無論孩子的年紀多大，家庭仍然是他們的生活重心，但是在現在這個童年的中期，我們會看到這個重心從對家庭的密切依賴慢慢地開始移轉。八歲的孩子正在發展他們自己的社交圈，儘管規模可能較小，且開始減少對父母親的依賴和關注、對父母親的佔有慾，以及對其他成人情侶的嫉妒感覺。在兒童發展早期，孩子對家長有著熱切的依附感，年紀較小的孩子會對父母雙方有著強烈的情緒依附，但經歷過一段時期後，孩子會傾向其中一方，通常是與自己不同性別的那位。

在《3-5歲幼兒為什麼問不停？》一書中作者對於伊底帕斯情結，這個發生於孩童發展過程當中的正常情緒有著清楚生動的描述。她描寫一個小女生每天傍晚都會打扮自己等著爸爸下班回家，而有個小男生努力霸佔車子的前座，讓爸爸坐到後座去。在這兩個案例當中，孩子正面對著一個即將成為大人的生命階段，有能力享有成人的種種關係。童年早期的想像都還集中在自己認識的大人當中，不過一旦到了八歲，這樣的伊底帕斯情結便會減少許多。男孩們不再幻想自己長大後會娶媽媽當老婆，女孩們也逐漸接受自己是不可能完全獨佔父親的。最後的結果反而轉向與自己同性的家長，男生們對父親和其他男性會產生認同感，女生則是認同媽媽和其他的女性們。

家長有時候會不懂：八、九歲的孩子為什麼不再老想坐在爸

媽中間？或為什麼星期天早上不再想盡各種方式要擠到床上睡在爸媽中間？突然之間，媽媽送孩子到學校大門想親一下說再見時，他們卻別過頭去；而當孩子發現爸媽在廚房親吻，也不再覺得嫉妒，反而是快速地轉身離開，還低聲嘀咕著：「噁心！」孩子對於性別

八、九歲是屬於童年中期階段，早期的伊底帕斯情結逐漸在減少中，這時從黏著父母的孩子變成酷傢伙，會在父母想要親吻道別時撇過頭去，親愛的父母別傷心，這是正常且總會過去的。

的興趣比較聚焦在操場上要選擇跟誰一起玩，跟情慾相關的言論則是發揮在開玩笑上，或和廁所或放屁有關的押韻童詩當中。目的是要盡其所能地大膽、聳動和「骯髒」，這些內容完全與家庭和慈愛的想法背道而馳。

　　當然，這個潛伏期的孩子，可能在不同的情況下必須面對父母之間是有性行為的事實。父母親的離異也提供孩子許多的新挑戰，而當單親家長有了新的親密對象時更是如此。當孩子越不想要注意到父母親之間的性行為時，最常見的挑戰便是懷孕和家中新增的嬰兒。以下是實際發生在山姆身上的事情，而這的確擾亂了這個八歲小男孩的世界。

　　山姆之前一直待在一個舒適的環境中，同時也是家中的「小娃娃」，哥哥威廉的玩伴。他可以跟著哥哥以及哥哥的朋友們進

入公園裡的社交圈子；每當事情發展的太快，自己無法承受時，還可以跑回家中尋求一個安慰的擁抱。他可以選擇跟哥哥一起，或在家中陪伴媽媽。當媽媽再度懷孕，生了一個妹妹的時候，山姆的世界徹底撼動了。他試著和哥哥威廉一樣當個懂事且自理生活的孩子，卻發現要控制自己的情緒幾乎是不可能的。他對著爸爸生氣（下意識他覺得父親有參與生妹妹這件事），且拒絕他所給予的額外關注，山姆爭奪媽媽的注意力，特別是在妹妹需要她的時候。他會堅持要媽媽來陪自己寫功課，或是當媽媽正要餵母奶給號啕大哭的妹妹時，他就會帶著受傷的膝蓋進門。威廉也想避免看到媽媽給妹妹蘇菲餵奶的情形，但他的反應比較像是十歲孩子的樣子：「天呀！我以前沒有這樣子吧？」

學校和家長連絡，並表達了他們的擔憂。山姆看起來心情很不好，且很難溝通，也對老師相當沒禮貌，似乎很容易因為一點小事就掉眼淚。在家裡，山姆試著對妹妹示好，可是卻無法持續，一會兒給妹妹玩自己最喜歡的玩具，一會兒又搶回來外加偷偷摸摸地擰了妹妹一下。媽媽很心煩頭痛，對於山姆的行為既感到生氣，又對他所受到的挫折有罪惡感。即使先生和自己都很希望能夠再有一個小孩，但她是不是應該要緩一下呢？

連續好幾個月事情都不是很順利，但突然之間情況改變了。有一天傍晚，山姆幫下班回來的爸爸開門，很興奮地宣布：「蘇菲今天有喝湯唷，而且是跟我們喝一樣的湯。」爸爸以前也曾經在回到家的時候得知一些有關蘇菲成長進步的狀況，可是今天這

個事件似乎有特殊的意義。它代表的是蘇菲已經到了接近斷奶的時期，山姆無法忍受的是當媽媽親餵母奶時，她和妹妹之間的那種親密關係，而現在，這個階段已經結束了，蘇菲也變成一個比較有趣的個體，不但有行動能力，也有語言能力，山姆也就可以「原諒」他的父母親，並不知不覺扮演起哥哥的角色。

如何與八、九歲的孩子互動

家長與八、九歲孩子之間的關係有很多種不同的類型，有些父母開始找時間恢復社交活動、培養自己的興趣，而讓孩子自由發揮他們自己所想要做的事情。老實說，相較於年紀較小時有著高低起伏的情緒世界，八、九歲孩子的生活其實是比較無趣的。但在另一些家庭當中，這是大人和小孩的世界開始有交集的時候，家長和孩子可以有相同的興趣和從事相同的活動。這在父子和母女之間尤其明顯，但並不侷限於這些關係。有些家庭無論到哪兒都無法分開，而且家長還相當投入於孩子的日常生活需求中。以往許多只屬於大人自身的活動，如結婚紀念日，許多家長也都會將孩子考慮進去。這樣的狀況是適合那些家長與孩子有著相同興趣的家庭，而現今社會也較能夠接受大人們仍保有兒童潛伏期時的興趣，特別是一些技藝或跟技巧性有關的活動。父親和兒子可能會在電腦技巧上較勁，父親們很擔心自己在這些方面

認清楚自己是什麼樣的父母，想經營什麼樣的家庭？有些父母喜歡有自己的社交生活和私密空間，有些父母喜愛全家人在一起的感覺，或兩者兼具，這都會影響你和這階段孩子互動的方式。

輸給已經會使用電腦的兒子。通常八、九歲的小男生都會參與父親的休閒活動，例如：釣魚，有些也會　加入父親所屬的社團，成為年輕的會員。性別差異在階段甚為明顯，女孩們通常是陪媽媽逛街買東西，在髮型和流行的相關事物上培養出敏銳的眼光。

這些當然都是很典型的情況，並不足以描繪整體的面貌，有些家庭對性別的差異就不是這麼巨大，這些家長們會鼓勵孩子從事性別差異較不明顯的活動。不過，也還有很多的群體在孩子發展興趣和技巧時，仍會要求必須要依循著某種文化上非常清楚且固有的方式。

兄弟姊妹的相處模式

彼此互相協助

孩子在家中的排行總是會有很大的影響，一個八、九歲的孩子要是排行老大，便會擔負起許多屬於家長的責任，但若身為家中唯一的孩子，便仍然會佔據家中「心肝寶貝」的位置。

　　要是八、九歲的孩子排行在中間呢？在人生的某些階段，排行中間是會帶來一些缺點，但在兒童潛伏期，卻有著許多好處。因為中間排行讓孩子稍微不那麼引人注意，而可

> **貼心 小叮嚀**
>
> 家中排行會影響孩子的發展，一般而言，老大會較有責任心，老么則較為依賴，中間排行的孩子則較能自由地發展自己。

以任由他們發展這個人生階段應有的某些特定能力或技巧。當他們在探索未知領域，或忙著累積知識和技巧時，可以將一些情緒起伏和強烈的掙扎感受留給正在兒童學步期的弟妹和處於青春期的兄姊，自己就可以慢慢地發展家庭以外的社交關係。

　　若家中有二個以上的孩子，其手足關係的品質是家庭和樂與否的主要因素。兄姊會幫助弟妹了解學校裡的大小事物，會將他們帶入自己的遊戲團體當中，無論是在公園、社區內或是其他孩子們聚集的地方。年幼的孩子會希望像哥哥姊姊一樣大、一樣能幹和一樣受歡迎。八、九歲的孩子會崇拜成為青少年的哥哥姊姊，哥哥姊姊們同時也會將保護弟妹當作自己的責任。有影響力的十歲哥哥可以是小自己一歲妹妹的保護令牌，只要提起哥哥的名字，想要欺負她的惡霸就會退卻。

　　無論兄弟姊妹在家裡是如何相互詆毀，在學校裡仍然會為對方挺身而出。一個九歲的男生非常討厭和妹妹一起走路回家，想盡方法盡可能地和妹妹保持距離，假裝兩人不是走在一起。當他在練習踢足球，或和朋友耍酷嬉鬧的時候，要是妹妹和朋友

貼心
小叮嚀

兄弟姊妹在家可以打得你死我活，在外一定團結一致，彼此互相照應幫忙。爸媽就別擔心了。

在附近，他就會表現得畏畏縮縮的，但是若妹妹在操場上跌倒，或是受到欺負，他馬上就會介入了解。

無論是在家裡或學校裡，面對壓力的時候，孩子們會無條件地互相支持。在某些特殊的情況下，當父母有其他的問題煩惱時，兄弟姊妹之間便要能夠互相安慰。

當家長或其中之一會在孩子的成長過程中長期缺席時，無論是因為工作關係，或無法承擔對身為父母該有的要求時，這年齡的潛伏期孩子，便會變得格外有能力。有些手足會自行分配家中工作，不但家務事都可以照例完成，也會毫無保留地在情緒上相互支持。若是家長有生理上的缺陷，或心理上的疾病，孩子不但可以維持家庭正常的運作，同時還可以兼顧課業。

當然，有很多的家庭是讓孩子承受了太多不合理的負擔。要是發生嚴重的忽視或肢體虐待，八、九歲的孩子會一肩擔起照顧弟妹的責任，並盡其可能地隱藏現實狀況，不讓學校老師或同學朋友們發現。

小傑，九歲，每天都會到學校上課，不過常常遲到，而且看起來好像都沒有睡覺的樣子。他的衣服總是髒髒的，偶爾還會散發出一股濃厚的汗臭味。他總是津津有味地吃著學校的營養午

餐，老師經常問起他媽媽和妹妹的狀況，但是小傑的回答卻是閃爍其詞、避重就輕。當學校讓他可以早點到學校吃早餐時，小傑卻生氣地說家裡有許多早餐可以吃。當老師問他為什麼沒有交回博物館校外教學的家長同意書時，小傑回答自己並不想去。有一個星期小傑在課堂上睡著兩次，當老師請他站起來朗讀課文時，他卻大發脾氣，然後放聲大哭。年級老師得知這件事情，安排了一次家庭訪問。小傑家中的狀況令人詫舌，他的媽媽防禦心相當的強。學校將這個個案轉介到兒童社福機構，並進行全面的調查後，小傑終於說出實情。小傑的媽媽與繼父之間有暴力行為，因此他必須照顧四歲的妹妹，確保她有食物可以吃，晚上還睡在妹妹床邊的地板上以便保護她。

競爭與敵對

　　手足的關係總是時好時壞。倘若兄弟姊妹之間總是處在「戰爭」狀態，也會讓父母親感到緊張焦慮、挫折灰心和筋疲力竭。對於身為原生家庭兄弟姊妹間特定的排行感受，很多孩子是依據自身習慣的模式來處理這些情緒。我們可能認為手足的競爭僅存在於年長的孩子和新生兒之間（如同之前所提到的山姆）。然而，很多弟弟妹妹似乎也無法忍受自己不是第一個孩子的事實，這會讓他們發憤圖強努力迎頭趕上哥哥姊姊們，並設法達成相同的成就，但也有可能會造成孩子覺得自己能力永遠不夠或很難有所成就。

　　在當了好幾年的獨生女之後，八歲的艾莎很興奮自己有了一個妹妹，潔絲。對於艾莎能夠如此迅速接納家中的新成員，且在前幾個月竭盡所能地幫助媽媽照顧妹妹，每一個人都十分訝異。她喜歡媽媽帶著還是小娃娃的潔絲來學校接自己下課，這時候艾莎便可以炫耀自己有一個妹妹。然而，當潔絲可以自己行動的時候，她很喜歡靠近艾莎，用手抓或是捶打姊姊。剛開始還很有趣，但過一陣子之後，艾莎開始覺得無趣，並對這種預料之外的敵意感到受傷。大家覺得只要潔絲長大後，情況就會改變，但當她慢慢長大後，一切如昔。媽媽竭盡所能地教導妹妹打姊姊是不對的，但潔絲絲毫沒有改善。潔絲在托兒所和幼稚園裡是個友善且受歡迎的小孩，但對姊姊的敵意卻一直延續著。要是艾莎碰了她的玩具一下，或是在沙發上挑了一個靠近媽媽的地方坐下來，潔絲就開始大聲尖叫，最後艾莎只好放棄親近妹妹的努力，並開始利用自己懂得較多字辭的優勢對潔絲的所作所為冷潮熱諷。

　　當潔絲八歲、艾莎十六歲的時候，情況完全改觀，艾莎此時正全心投入家庭以外的社交活動，而潔絲也似乎放鬆了許多，可以得到母親較多的關心和注意。之前所存在的爭吵似乎突然之間消失不見了，而且潔絲還有點崇拜這個時髦流行的青少年姊姊。這麼多年來，她們的爸媽頭一次能夠想像這兩姊妹長大成人之後會彼此支持互相照顧。

　　在一般家庭中，很多手足之間的競爭都是可以處理的，也不

像艾莎和潔絲需要這麼久的時間。然而,手足之間日積月累的嫉妒的確會是父母爭吵的壓力來源之一,爸媽可能對於要如何處置這樣的狀況有著不同的看法,或在這整個過程當中,對於誰是加害者、誰是受害者有著不同的意見。

戴維斯夫婦對於九歲的珍妮絲和七歲半的傑森之間永無止境的爭吵已經感到筋疲力竭,為了要維持這對姊弟之間的和平,他們試過所有想得到的方法:嚴格執行讓兩人輪坐在汽車前座,給予同等價值的生日禮物和耶誕節禮物,每個人的房間裡都有自己的電視機,以避免姊弟倆為了要看哪一個節目,或誰該拿遙控器而爭吵。吃飯的時候更是爸媽的夢魘,這對姊弟會不停來回指責對方。傑森會嘲笑姊姊對於食物的偏好,珍妮絲則抱怨弟弟的餐桌禮儀讓她覺得很噁心。珍妮絲會擅闖弟弟的房間故意挑釁來引發爭吵,而傑森則會在要出門去上學時把姊姊書包裡的所有物品都倒在地上以示報復。若是受到爸媽的責備時,兩姊弟都覺得自己的報復行為是名正言順的。

戴維斯夫婦努力公平對待兩姊弟,但也覺得越來越無力和無奈,好像住在法院裡,生活當中充滿無止境的爭執和爭吵。有一天戴維斯太太要送孩子去上學,因為

貼心小叮嚀

有時兄弟姊妹間不斷爭吵的癥結是在於父母對於如何處理手足爭吵的意見不一致,或對於該責怪哪一個孩子也有不同的看法。如果父母能夠態度一致的話,這個問題就會比較好解決。

珍妮絲的動作較慢，便告訴她要讓弟弟坐前座。但戴維斯太太沒有發現自己剝奪了「無辜」孩子的權利，只會引起憎恨。於是當傑森在前座哼著討人厭且自滿的曲調時，珍妮絲坐在後座不停踢著他的椅背，對著弟弟吼著要他不要再發出任何聲音，並咒罵他。珍妮絲生氣地哭著，傑森則嘲笑她是愛哭鬼，而且恐嚇說要告訴全校的人。姊姊又繼續踢著椅背，弟弟掙脫安全帶並轉身向後要打她，戴維斯太太伸出手臂想要阻止傑森，說時遲那時快，車子突然轉偏衝到了對面車道！所幸並沒有發生任何意外，但戴維斯太太飽受驚嚇。當天傍晚，她告訴先生，他們必須認真地處理這件事情。

他們拜訪了家庭醫生，醫生將他們轉介到當地的兒童與青少年心理健康中心。在安全的諮商環境下，這對夫妻終於知道原來雙方都暗自「怪罪」對方將自己陷入這個困境，而且對於該責怪哪一個孩子也有不同的看法，戴維斯太太相信如果不是兒子故意挑釁女兒，她不會有這樣的報復行為，而戴維斯先生則認為兒子傑森才是受害者，畢竟，弟弟年紀較小，姊姊應該比較能夠控制自己的情緒。

之後，這對夫妻更深入地了解自己小時候的經驗，是如何影響他們現在對孩子的教養行為。

> **貼心小叮嚀**
> 當孩子了解父母小時候如何跟兄弟姊妹相處及發生爭吵，祖父母是如何介入處理時，孩子就較能體會父母希望手足之間能和平相處的心情了。

珍妮絲和傑森認真聽著爸媽述說自己小時候和兄弟姊妹相處的狀況，和他們的父母親是如何處理手足之間的衝突。孩子們終於能夠了解爸媽是多麼希望他們可以和對方和平相處，他們也真心希望父母可以介入並讓他們停止爭吵。最後，這個家庭同意了一項新的規定，那就是孩子們會試著跟對方好好相處，但萬一有人闖禍了，另外一個人也不要指望會從中得到什麼好處。戴維斯先生也同意在星期六的時候多花一點時間陪伴兒子，讓太太可以和女兒單獨相處。

祖孫三代三樣情

　　祖父母對於這個年紀的孩子是很重要的。如果他們能夠參與很多的家庭生活的話，對於潛伏期孩童在發展認同感時，會有相當重大的貢獻。八、九歲的孩子能夠理解祖父母是爸媽的雙親，且在了解祖父母的過程當中，知曉自己的爸媽為什麼會是現在這個樣子。祖父母和外祖父母分別代表了兩個家庭的歷史，九歲的孩童通常對於拼湊兩個家庭過去世代的資訊是相當有興趣的。

　　在二十一世紀早期，祖父母可能代表另外一個年代，與父母親所生長的年代是不一樣的。有時候如

貼心
小叮嚀

了解父母親過去的歷史，有助於拉近親子間的距離。

果能了解父母年輕時相關的一些事情，親子之間的代溝似乎就會小一點。

　　梅莉莎的爸媽對於最新科技是相當感興趣的，她對於「趕流行的」爸媽引以為傲，也很喜歡和祖父母共度時光。她覺得祖父母是很不一樣的人，爺爺老是把送給她的CD音響稱之為她的「電晶體玩意」，且會一直請梅莉莎幫他操作家中的DVD，這些都是爺爺自己買的，但他卻不會用。梅莉莎喜歡奶奶老是擔心自己在天冷的時候是不是穿得夠暖和。祖父母比爸媽還要關心梅莉莎在學校的功課和生活。他們喜歡梅莉莎邀請他們去參加學校的音樂會，而且當這對和其他人比較起來很不一樣的夫妻出現時，梅莉莎覺得跟他們站在一起是一件很驕傲的事情。

　　梅莉莎唯一不太喜歡的是，她被迫去承認媽媽和祖父母的關係不太好。梅莉莎不能理解到底有什麼問題。每次當媽媽抱怨必須要邀請爺爺奶奶來參加家庭聚會時，都令她感到相當難過，之後，還要忍受奶奶批評媽媽的廚藝或做家事的方式。奶奶不喜歡媳婦外出工作，且相當直接地表達出自己的看法。奶奶一直都很樂意幫忙帶小孩，不過也會趁此機會批評是因為媽媽又要外出，所以才需要她過來帶小孩，而且總是讓梅莉莎注意到家裡還有一大堆衣服還沒有燙過。梅莉莎會試著阻止奶奶幫忙燙衣服，因為她知道如果讓奶奶幫忙的話，媽媽會很生氣，然後父親就會為自己的媽媽辯護。

　　梅莉莎比較喜歡去祖父母家，在那兒她會花很多時間翻看家族照片。相較於在家裡，祖父母家用餐是項很正式的活動，因為她很喜歡祖母煮的菜，所以一點也不介意自己要入境隨俗，遵守一些規定。回到家後，她偶爾會糾正父母親較為隨性的用餐禮儀。但這對於改善母親與奶奶之間的關係是一點幫助也沒有。

　　在外祖父母家的情況則完全不一樣，因為距離較遠的關係，梅莉莎比較少去，但她喜歡外祖父母家中那種有點破舊，有點雜亂無章的感覺，而且她和外祖父母的寵物們，一隻狗和三隻貓咪，已建立起很深厚的友誼。在梅莉莎的兩個舅舅和媽媽離家之後，外公外婆很快就養了這些寵物，並且相當疼愛牠們。梅莉莎喜歡和狗狗一起蜷曲在沙發上，而外婆坐在自己的椅子上，貓咪們個個在旁邊依靠著她。在外祖父母家，梅莉莎擁有比在家裡還要多的自由。她和外公外婆會一起吃冰淇淋和比薩，就算坐在電視機前面吃飯也沒有關係。

　　兩對祖父母們都提供梅莉莎可以短暫離開家和父母的機會，梅莉莎很喜歡和祖父母們一起共度時光，雖然她常常說爺爺奶奶和外公外婆是多麼的不一樣。爺爺奶奶堅持要維持固定的生活作息，約定好上床睡覺的時間，睡前可以喝杯熱巧克力和說床前故事，半小時之後就一定要熄燈。而外公外婆似乎對睡覺時間並不那麼在乎，梅莉莎常常在客廳睡著，或是因為實在是睏得受不了才上床去睡覺。梅莉莎的經驗其實是很典型的，能夠在不同世代

中仍維持和諧的家庭實在不多，梅莉莎可以感受得到媽媽和奶奶之間，以及爺爺奶奶和外公外婆之間的緊張，但在絕大多數的情況下，每一個人在家族聚會時都表現良好。梅莉莎可以看得出來他們的價值觀其實基本上是一致的，而她的爸媽也能找到方式來處理彼此之間的不同處。

很多家庭並無法事事都處理的很好，很多潛伏期的孩子會發現自己其實在複雜的家庭結構中扮演著一個角色，一下要他們往右，一會兒又要他們往另一個方向去，或是告訴他們哪些事情是不可以做的，或是哪些話是不能跟祖父母說的。甚至在特殊的情況之下，孩子們還可能知曉家族之間的糾紛，或甚至沒有機會認識不跟孩子住在一起的祖父母們。有些祖父母們無法忍受小孩子，覺得八、九歲的孩子很吵鬧、太早熟、固執不聽話。擁有孫子女的祖父母通常都會欣然接受再一次參與孩童教養的機會。不過，有時也不見得如此，因為這會提醒他們早年的失敗經驗，或許會再次激起他們不寬容、敵意或甚至憎恨的感受。的確，有些祖父母們是會妒忌兒女和孫子女的生活，而表現出難以親近和尖酸刻薄的態度。

在二十一世紀早期，有許多的家庭還仰賴長輩們幫忙帶小孩，好讓母親們能夠去工作。這也可能是個人的，覺得祖母是最適合照顧孩子的人選，然而，也很有可能是保母服務很昂貴，若是父母雙方的工資都不高時，此時祖父母介入提供協助的確可以減輕家中支出。當孩子到了八歲的時候，祖父母的參與度便可能

會減少到放學後的時間，接孩子下課，陪伴他們直到父母下班為止。這可能包括了一天當中許多重要的日常作息，例如，吃晚餐、寫功課和睡前的例行活動，孩子和祖父母因而發展出親密且重要的關係；日後若是祖父母生病或是變老，也會嚴重影響到孩子們。

　　一個星期有三天，莎蒂外婆會去學校接莎莉安下課，外婆喜歡在大門口看著孫女從學校走出來，身邊圍繞著她的朋友們，她仍清晰地記得三十五年前，也是站在同一個地方等著莎莉安的媽媽放學。每次只要莎莉安在人群中看到自己，跟朋友們道別後就直奔自己並用力擁抱時，莎蒂外婆總是覺得非常感動。她們在一同走回家的路上，聊著當天所發生的事情，回到家後，祖孫倆會一起坐下來寫功課，然後一起看電視。莎蒂外婆泡的茶非常好喝──全是莎莉安喜歡的口味。當莎莉安的父親來接女兒時，他總是看到這對祖孫倆一同坐在沙發上看電視，有時甚至覺得叫莎莉安趕快穿上外套拿好書包準備回家是件有點殘忍的事。

　　一個寒冷的冬天，莎莉安下課時並沒有在校門口看到外婆，等了幾分鐘後，她走回學校秘書室，當學校秘書試著連絡外婆和在上班的父親後，莎莉安又等了一個多小時。傍晚六點多時，莎莉安的爸爸到學校來接她，臉色蒼白附帶驚嚇的表情。上車後，爸爸告訴莎莉安，莎蒂外婆今天在要去接她下課的時候，在家門口跌倒了，送到醫院後發現骨盆斷裂，有一點輕微的中風，是醫

院打電話通知在上班的媽媽。莎莉安聽到後相當難過，想要馬上去醫院探望外婆，但是父親說時間太晚，明天再去醫院。莎莉安覺得很受傷，回到家後，不停地挑剔晚餐，讓媽媽很生氣。莎莉安想要吃外婆煮的菜，他們不知道嗎？星期五晚上是要吃香腸和薯片的！莎莉安從晚上到隔天都心情不好，脾氣很大，爸媽想或許當她見到外婆時心情會好一點，但到了要去醫院探望外婆的時候，莎莉安又突然說不想去了，她堅持自己有很多的功課要寫，沒有時間去醫院看外婆。媽媽非常的生氣，指責莎莉安太自私、不知感恩。

最後，莎莉安還是去了醫院探望外婆，覺得放心了一點。她帶了葡萄和雜誌給外婆，見到外婆看起來並沒有太大的不同，便鬆了一口氣。然而，在接下來的幾個月當中，莎蒂外婆和莎莉安之間的關係逐漸在調整中，過了好久以後，莎蒂外婆才能夠再到學校去接莎莉安下課，而且還需要有人幫忙買東西、煮飯和協助其他的家事。莎莉安必須習慣成為外婆的好幫手，但她也不是每一次都是滿心歡喜地樂於提供協助。

由於這段關係夠穩固，以致可以安然度過困境而仍保持良好互動。無論如何，世事多變，莎莉安終究會來到一個階段，不是那麼在乎外婆的關注。只是因為前一天祖孫倆都還很享受於兩人的日常生活作息，意外來得太突然了，因此讓人感到痛苦和難以接受。

在最佳的狀況下，祖父母在很多時候提供了潛伏期孩童一張安全的網，他們有時可以代表孩子來和父母討價還價，或是當爸媽在與八、九歲孩子相處當中發生問題時，作為家長的後盾。若是孩子跟祖父母在一起時

覺得有安全感，家中有狀況時，他們便有個地方可以棲身，有個關心自己也關心爸媽的對象可以傾訴，而這個對象還會提供不同角度的看法。住在鄰近區域的祖父母會在孩子的生命當中佔有一席之地，相反地，若是住得較為遙遠，或是環境截然不同的祖父母，對孩子的意義就比較像是難以掌握、陌生和冒險。

與其他親戚的關係

在本章所提到祖父母的相關事情，同樣地，也可以是其他親戚，如阿姨、姑姑、叔叔、伯伯、堂兄弟姊妹和表兄弟姊妹們。每一個親戚在孩子的生命當中都扮演著一個角色，也在孩子自我意識發展的過程中佔有一席之地。阿姨、姑姑、叔叔和伯伯們通常在八、九歲孩子的生活中提供另外一種模式的母親或父親，但

是以一個比較不會產生壓力的「安全」大人出現，用一種特殊的關係和孩子們產生連結。堂兄弟姊妹或表兄弟姊妹則是像手足般，提供各種不同的機會，讓孩子們嘗試不同的關係。有些堂或表兄弟姊妹是受到崇拜的，而有些則是被輕視貶抑的。若是家族當中有和自己相同年紀的堂或表兄弟姊妹，可能會引起八、九歲孩子們的防衛心，這可以讓他們在一個安全的環境下嘗試某些手足競爭的感受。

家庭破裂對孩子的影響

孩子年紀小的時候，全心全意地將注意力放在父母親身上，到了八、九歲時，孩子會慢慢試著脫離這樣的情感，並朝向家庭以外的環境發展，此時，父母的爭吵或離異對孩子而言，是相當重大的難題。即使爸媽非常努力，關係的破裂仍會使家長對於保護孩子免於情緒崩潰，感到莫大的壓力。很多父母成功地讓孩子相信他們分開，並不是任何一個人的錯，而且他們仍會是爸媽心中最重要的。但這樣的好意常常在協議離婚的過程中慢慢為現實所銷蝕。即使是共同協議離婚者，被傷害、懷疑和嫉妒等這些強大的感覺，常常會轉化成對不跟孩子住在一起的家長的怒氣，並因財務的分配或安排發出尖酸刻薄的批評和爭吵。要是其中一人有了新的伴侶，這些衝突就會更為尖銳，孩子不可避免地目擊到

遭到「拋棄」的另一方所受到的
傷害。

　　當然，還是有些父母會以
較溫和的方式分手，同意孩子的
照顧方式，在堅守雙方協議上不
會有太大的困難。也會邀請不跟

> **貼心小叮嚀**
>
> 父母要很清楚地讓
> 孩子知道，婚姻破裂跟
> 他們一點關係也沒有，
> 而且切記不要在孩子面
> 前批評另一方。

孩子住在一起的一方參加重要的家庭活動，仍是家中受歡迎的訪
客。這當然對所有人都有益處，但還是有個小小缺點，就是會讓
潛伏期的孩子感到疑惑，既然爸媽看起來可以好好相處，為什麼
不能繼續住在一起？甚至讓孩子懷抱不切實際的希望，想要撮合
父母親和好。以下描述的便是一個典型的例子：

　　丹尼爾一直都知道爸媽的感情其實沒有像自己想像中的那麼
好，他知道媽媽正受著一種叫作「憂鬱症」的折磨，而父親不是
非常同情母親的狀況。他看得出來媽媽並不期待爸爸下班回家，
還發現當爸爸需要出差離家幾天的時候，媽媽反而看起來心情沒
那麼低落。有一次當爸爸出差的時候，媽媽甚至做了特別的晚
餐，還讓自己和妹妹可以窩在沙發上看他們喜歡、但爸爸不喜歡
的電視節目。丹尼爾從小就非常喜歡媽媽，一直到現在他都還帶
著一個小鎖盒，裡面裝著媽媽的頭髮。他很難過自己沒有辦法讓
媽媽高興起來。丹尼爾也很崇拜喜歡爸爸，而且很珍惜爸爸開跑
車來學校接他，以及爸爸在自己踢足球時來加油打氣。

楊文卿／攝影

林柏偉／攝影

　　當爸爸宣布要離開家的時候，丹尼爾九歲。他剛開始的反應是相當驚訝，隨即展現出一付自己會擔起所有責任的模樣。他現在是家中唯一的男人，媽媽和妹妹需要他夠堅強。他給了媽媽一個擁抱，並保證一切都會沒事的。丹尼爾告訴父親，他會擔起照顧這個家的責任。父親承諾會保持密切的聯繫，並且不用擔心財務方面的問題。

　　剛開始的幾個星期，丹尼爾選擇相信父母的分離只是暫時的，他爸媽相處的狀況看起來還不錯，再過一段時間就會發現他們是相當想念對方的。他努力試著確保自己和妹妹都不對爸媽有所要求，讓他們有足夠的時間談一談，終會發現分開是個嚴重的錯誤。丹尼爾此時並不知道父親其實已經有了新對象，當所有的人都知道這件事情的時候，惡夢從此展開，尤其是對丹尼爾而言，他發現母親無法忍受內心的悲痛，開始告訴他所有丹尼爾並不想知道的事情，且對於自己所知道的事實感到相當沮喪。丹尼爾不想知道父親已經和其他人另組家庭，而且這段外遇還維持了兩年之久；也不想聽到媽媽和朋友的父母，甚至是和外祖父母提及有關父親的任何事情。

　　丹尼爾開始對媽媽生氣，並將父親的離開怪罪在她身上，媽媽應該要求他留下來的。丹尼爾並沒有好好地表達自己的意思，不然媽媽就會正視他的感受並跟他好好地談一談。相反地，丹尼爾開始抱怨零用錢不夠用、讓大家看到媽媽破舊的車子讓他很沒有面子等等。媽媽因此很受傷，於是開始了互相指責的惡性循

環。媽媽說丹尼爾就像他爸爸一樣，丹尼爾也大聲地吼回去說自己真希望能夠像父親一樣。他告訴妹妹，他們才是問題的根源，在他們還沒來到這個家之前，一切都是愉快和樂的。

在前六個月，丹尼爾仍對媽媽維持著生氣的態度，他迫切地想要見到父親，且懷疑是媽媽生氣故意不讓他來家裡。在丹尼爾的心中，他把雙親分成兩者，一為無辜的受害者（父親），另外一個是有罪的加害者（母親），這樣的分法完全是依照丹尼爾對於自己所受到的折磨的自我理解。之後的半年，這樣的分法完全顛覆了，因為丹尼爾發現並沒有人阻止父親來探視他們，是爸爸根本沒有想過要來，甚至好幾次答應要來看孩子，卻又食言。丹尼爾開始對母親表現出較為支持的態度，雖然他還是不讓媽媽在自己面前批評父親，因為他覺得失去了一個在家裡的男性典範，但他還有一個信任的男老師，也有很多時間跟舅舅一起相處。

如何適應生活上的改變

在潛伏期孩子的心中，另外一種形式的入侵是當家長開始有了新的親密對象時。上述案例所提到的丹尼爾，一直無法真的接受父親的新女友。他同意和父親的新女友見面，並保持友善地相處幾個小時。但他不想去父親的新家，且直接了當拒絕參加他們的婚禮。丹尼爾知道這樣會讓父親很難過，但在這個時刻，他覺

得展現出對母親的忠誠是相當
重要的。丹尼爾在這個過程中
對妹妹相當嚴苛，因為妹妹為
了要讓大家都開心，選擇了較
為妥協的態度。

　　對一直以來都身處單親家
庭的孩子而言，要接受父或母
親的新伴侶是相當困難的。有
些孩子會主動要求，或者是因

> **貼心小叮嚀**
>
> 當父或母中的一方有了新伴侶時，如何讓孩子接受？首先要先傾聽孩子的心聲，了解他恐懼和擔憂的事情是什麼。通常是害怕會失去母親或父親的愛，以及對於未來生活的不確定性，還有對其中一方的忠誠度問題。

為覺得爸媽很孤單，不被保護，或者很多地方並不完整，因而想
要一個新爸爸或媽媽。然而，若是孩子長久以來就一直獨自擁有
父親或母親，要他去接受第三人的確是難上加難。

　　珍妮絲的媽媽「突然」（從珍妮絲的角度來說是「突然」）
宣布她一個星期有一天晚上要去上騷莎舞課（salsa class）。珍妮
絲感到非常驚訝，並問：「為什麼？」媽媽解釋自己本來就很喜
歡跳舞，現在珍妮絲已經九歲，弟弟也五歲了，她覺得可以讓臨
時保母來看顧他們一小段時間，而自己也該開始建立自己的社交
活動。珍妮絲不停重複著「為什麼？」就好像自己無法理解或
不願意理解媽媽除了全心全意照顧自己和弟弟之外，怎麼還會想
要別的。到了媽媽要去上課的那天傍晚，珍妮絲百般心思試著想
要把媽媽留下來，她抱怨自己有點胃痛，可能快要生病了。媽媽

了解她的把戲是為了什麼，表示會沒事的，而且要是她真的生病了，外婆知道怎麼處理。媽媽另外還說會把手機帶在身上，如果有任何緊急事件，一定可以連絡到她。珍妮絲嘆了一口氣，讓媽媽親吻她並說晚安。珍妮絲一直都無法入睡，直到媽媽回到家，打開房門偷偷看她睡著沒，珍妮絲很配合地假裝已經熟睡了。之後的星期二晚上變成孩子的最愛，孩子們可以跟外婆一起共度晚間時光，當媽媽提議想要再多出去一個晚上時，珍妮絲的焦慮曾再度稍微提高一點，不過她設法不要抱怨。適應新的保母是有點辛苦的，但是珍妮絲很快就發現其實這是有所補償的，她可以說服保母讓她晚一點再上床睡覺，還可以多看一點電視。

然而，貝利家的故事則全然不同。

當湯米的媽媽表示想要有一個晚上到鄰居家參加聚會，湯米馬上歇斯底里，情緒激動地不准媽媽去。兒子的反應讓她十分震驚，她很快打電話回絕了鄰居，再次跟湯米保證絕對不會離開他。接下來的六個月，直到湯米九歲生日之前，媽媽好幾次嘗試要出門，但都以相同的方式收尾，湯米會像發狂似地生氣，她只好打退堂鼓。貝利太太發現自己無法勇敢面對湯米，他看起來是那麼地難過及受傷，因而寧願留在家中陪他，也不願看著他受苦。她告訴自己，兒子真的很需要自己在家陪伴他。要是貝利太太邀請朋友來家中作客，湯米就會下樓來，在客人還沒有離開之前怎樣也不肯上樓去睡覺。湯米對於男性客人特別沒有禮貌，讓

媽媽開始覺得自己這輩子都不可能再認識新朋友，或是有自己的社交活動。一天傍晚媽媽失去耐心而發脾氣時，湯米從廚房的抽屜裡拿了一把刀子。貝利太太之前從不相信兒子會傷害她，或是傷害自己，因此湯米這個舉動讓她十分震驚，她再也不這樣認為了。這對母子均是教徒，貝利太太曾經試著請教區牧師和湯米談一談，當這個方法也沒用時，媽媽試著帶他去看家庭醫生，但是湯米激動地跟媽媽大吵了一架，還跑離了醫院大樓。貝利太太沒有再試著帶湯米去看醫生，不過她自己倒是開始參與諮商課程。在諮商的過程中，她逐漸了解湯米這些行為的背後原因是什麼。

　　湯米的爸爸在他十個月大的時候就消失無蹤，媽媽對於他遺棄她們母子倆十分訝異，也相當生氣。她不知道他去了哪裡，但聽說他在某處扯入打鬥事件。有好幾個月的時間，她把自己和小孩關在家裡，很害怕有人會來找他們；她會把湯米帶到臥室裡去，用家具頂住門口。貝利太太在夜裡睡得很不好，一整個晚上都注意著門外的動靜，並緊緊抱著睡著的湯米。慢慢地，她終於恢復了信心，並和一直不贊成這段婚姻的爸媽和好。諮商師認為湯米可能受苦於一種複雜的混合情緒，身為一個九歲的男孩，這麼多年來一直是獨自擁有母親，當面對媽媽想要對外發展新社交活動時，湯米對於自己嫉妒的感受感到困惑苦惱。當在午夜夢迴感受到這些情緒，加上早期經驗，與一個緊張又害怕的媽媽封閉在一起所受到的驚嚇和恐懼，使他相當困惑。這些所造成的恐懼太過強烈，讓母子倆都無法承受。

　　這不是個容易處理的問題，貝利太太了解到必須參考他人的建議，找出自己也贊同的方式，並且嚴格執行。她也知道湯米需要專業的協助，來幫助他處理深層的問題，包括與失去父親有關而尚未處理的情緒、對於可能會失去母親的恐懼，以及懷疑要是母親在心中多留了一些空間給其他人，對於自己的感覺又會有什麼樣的改變。

　　在經過一些親子的諮商治療後，針對湯米的人生經歷，以及著重於當前的分離焦慮難題，湯米終於願意開始進行個別心理治療。剛開始他並不願意和治療師合作，不過循序漸進地，最後他終於願意讓別人來了解自己了。

▌不同組合的家庭

　　現今家庭組合的類型相當多元，而且可以在不同的社區裡看到。在一個典型的八、九歲孩子的班級裡，會有單親家庭、雙親家庭，或甚至根本沒有和雙親住在一起的。生長在單親家庭裡的孩子，有的會定期看到不同住的爸爸或媽媽，有的甚至不知道不跟自己住在一起的爸爸或媽媽是誰。有些是在兒福機構的照顧下，寄宿在寄養家庭裡。有些可能是領養的，有些可能和祖父母或其他親戚住在一起。有些孩子的父母是同性戀者，或是被同性戀伴侶所領養，或是寄宿在同性戀者的寄宿家庭中。

　　「正常」的家庭組合不再是或
不僅僅是只針對一個有著一個爸爸
和一個媽媽的家庭。對孩子而言，
哪一種家庭結構是對孩子有益，或
適合孩子發展的，在這一點上仍有

> **貼心小叮嚀**
>
> 何謂「正常」家庭？就是處在這個家庭裡的小孩無需承受過多無心的歧視。

爭論，而目前廣被接受的「正常」家庭組合類型，代表在這類家
庭成長的孩子無需承受過多無心的歧視。孩子們可以不再感到困
擾地告訴同學──自己的爸媽分居，或自己沒看過爸爸，或自己
的媽媽新交了一個男朋友。

　　家庭生活當中有一些對外公開的呈現樣貌，減少這些差異對
於孩子的個人生活或內在世界的影響是相當重要的。或許告訴班
上同學自己不記得也不在乎父親長什麼樣子是較為容易的，但不
可諱言這會深深影響孩子的內心深處。

　　丹妮絲和媽媽及三個弟妹一起住在位於城市邊緣、年久失修
的房子裡，爸爸在她六歲、弟弟四歲的時候就離開了他們，兩年
之後，媽媽又和另一個男人生下雙胞胎，但他也不跟他們住在一
起。丹妮絲對此還蠻開心的，因為她不喜歡那個男人，且嫉妒他
比較關心雙胞胎。

　　丹妮絲對於媽媽能夠獨立撫養四個小孩感到非常地驕傲。
也很喜歡他們的家，尤其是她自己的房間，媽媽在她過九歲生日
之前才重新裝潢。她的弟弟們共用一個房間，是有點不公平，不

過，媽媽說丹妮絲很快就要十歲，且就快要上中學了，應該要有一點隱私權。媽媽其實不知道丹妮絲躲在房間裡的大多數時間都在看父親的照片，想像如果爸爸回來會是什麼樣的情景。丹妮絲很想再見到父親，甚至只要聽到任何有關爸爸的消息都好。自從她七歲生日之後，就再也沒有聽過任何有關他的訊息。她編造各種不同關於父親在哪裡的故事情節，以及不和自己連絡的原因。

在生日過後沒多久，丹妮絲決定要寫一封信給父親。她不知道要寄到哪裡去，但她想爺爺奶奶應該會知道。丹妮絲知道祖父母們住在哪裡，雖然自從雙胞胎出生後，爺爺奶奶就不太喜歡看到丹妮絲和弟弟。在信中，丹妮絲寫下自己是多麼想念父親，希望能夠見上父親一面，也表示如果他不願意到家裡來，她可以在其他地方和他會面。丹妮絲很驚訝地收到了回信，父親寫著自己也很想念她，下個星期六會帶她和弟弟一同出門聚聚。丹妮絲不知道自己是不是應該告訴媽媽這件事，但當她跟她說時，媽媽泰若自然，並表示了解丹妮絲的感受，這讓她鬆了一口氣。

丹妮絲告訴學校裡所有的人，她的爸爸這個週末要來帶她出門，她相當興奮，甚至星期五只有睡一點點。當父親來到家裡，丹妮絲目光閃閃地看著他，很快地拿了外套，吼叫著弟弟動作快一點。丹妮絲和弟弟熱切盼望著父親的來到，試著忽視父母之間的緊張氣氛。幾個小時之後，姊弟倆回到家，媽媽幫他們開門並問道：「如何？」丹妮絲聳聳肩回答說：「還好！」媽媽之後還問了很多問題，不過丹妮絲卻避而不答。

　　這是個相當典型的案例，描繪出九歲的孩子要如何處理自己對於缺席和棄自己不顧的家長所產生的複雜感受。她依賴著小時候與父親相處的經驗，美化了自己的記憶，且希望在進入青春期之前藉由重新和父親連絡上而能夠重拾父女之情。但看起來，實際上的重聚並不如丹妮絲所想像的那樣，以致於讓她心情低落地返回家中。

寄養家庭中的兒童照護

　　寄養家庭中孩子的經歷則更為複雜，深植於內心的失落感和不安全感，通常會以古怪乖僻和反抗叛逆的行為呈現。孩童若曾經在原生家庭中遭受過忽略或虐待及多次寄養，當然沒有太多的理由可以相信大人的世界，也不太可能讓自己像在這本書裡所描述的「潛伏期」發展過程中，好整以暇地面對成長。即使是最有經驗的寄養家庭照護者都有可能對一個頑固憤世嫉俗的九歲孩子所丟出的挑戰而驚訝不已，或是發現自己正被一個看起來超越實際年紀且絕頂聰明的八歲女孩所困擾。若是孩

> **貼心小叮嚀**
>
> 一般寄養家庭中的小孩都有過相當複雜的經歷，深植內心裡的不安和失落感，會藉由古怪乖僻及反抗叛逆的行為呈現。大人們應該要有耐心地引導及關懷他們。

子曾經遭受過性侵害，他／她可能對於大人的生活有著扭曲的觀點，需要專業的幫助來協助了解，在家庭或學校當中和他人建立關係時的一般規範和界線。有時候對家長而言，很難知道讓小孩要跟具有上述類似背景的孩子們

做朋友是否是個冒險的行為。只要家長們對孩子的明智判斷有足夠的信心，所需要的可能僅是在過程中更全面的照看，確保孩子保有平靜的心與隨時得到支持。與寄養照護者或社工保持密切聯繫是很重要的，生命曾經經歷過破碎瓦解的孩子迫切需要大人們在身邊細心地支持自己。這些孩子未曾擁有過一般的父母，作為自己在理解世界時的參考依據。對於什麼可以做，什麼又是不允許的，他們沒有可以詢問或求教的對象。寄養家庭中的照顧者需要和社工逐項核對所有的小細節。親生父母若是想要探視寄養孩童，得根據當地的法律規定，是否需要事先申請許可，孩子朋友的家長可能也要接受詳細的調查。因此，「被照護」的孩子會養成憤世嫉俗和對制度失望的態度並不教人訝異。當然，若是制度健全且執行確實，好的寄宿家庭和學校社區能夠了解孩子的複雜背景，孩子便可以健康長大。

想快快長大的孩子
會遇到什麼樣的危險？

　　讀者到目前為止應該已經了解，潛伏期的孩童對父母親（無論是單親或雙親）的依賴是會慢慢減少的，並開始在大人的世界裡尋求自己可以學習的其他典範。這也可能發生在更早一點，孩子們會將學校老師視為榜樣，到了這個階段，所偏好的大人會擴展到足球隊教練、鋼琴老師和好朋友的媽媽。家長有時候會因為孩子把時間都花在別人家，而感到受傷難過。理論上總是會有個階段，孩子會慢慢地離開家，不過，要不停提醒自己有這樣的一個階段，也是一件不太容易的事情；也記得提醒自己，孩子之所以會有這樣的行為，很可能是因為他們確實知道自己有個家可以回。有些面臨剝奪、忽略或虐待的孩童會受到較為幸運的朋友的家庭所吸引，這可以提供一個有助益的平衡作用。要是孩子想像自己是寄養兒童，情況便會變得複雜，大人們既歡迎孩子進入自己的家庭，又覺得應該要為這個有所需求的孩子負責。有些家長太快落入「拯救者」的框

貼心 小叮嚀

對於身世坎坷的孩子，其他的家長們要小心，不要太快落入「拯救者」的角色中，要先衡量一下哪些是自己可以做的，哪些是無法提供的。記住：幫助人是要有專業方法的。

架中，很快就耗盡氣力，此時可能需要祖父母、老師或甚至社工來協助釐清，針對這個非親生孩子，到底哪些是自己可以做的，哪些是無法提供的。

即使是在最好的環境中，八、九歲的孩子仍會在大人的世界中留意尋找自己可以學習的典範，因此變得無法抗拒且盡量地去滿足大人的需要。或許這是其中的一個原因，這個年紀的孩子常常被某些不懷好意的大人們所利用，在現今社會，因無時無刻提醒孩子要小心「危險的陌生人」，他們過於警戒，認為自己有所防備不會去懷疑陌生人給予的關注，更值得注意的是，如此一來孩子們反而容易落入戀童癖者的拐騙陷阱當中。但從另一個角度來看，這也是可以理解的，孩子們需要覺得有他人對自己感興趣，覺得自己對某人而言是珍貴有價值的，而且自己是可以處理這樣的狀況。在一次的教師工作坊當中，一位老師分享了下述的案例：

艾倫和寶拉跟我說她們不能來參加籃網球的練習，因為她們星期二放學後都要去探望葛蘭先生。我問葛蘭先生是誰，她們解釋說葛蘭先生是住在潘布魯克街上一間公寓的地下室裡。我問她們是怎麼認識葛蘭先生的，孩子們說他有一次在人行道上攔住她們，問她們是否可以幫他把垃圾桶從地下室抬上來。葛蘭先生之後給了她們一些糖果，還說了聲謝謝，接下來，葛蘭先生每個星期二都會準備好糖果等著她們去。我試探性地問她們的家長是

否也認識葛蘭先生，兩個小女生一起搖頭。艾倫說爸媽應該不會喜歡葛蘭先生，因為他有點髒，而且會對著把垃圾丟進地下室裡的路人罵髒話。我試著用冷靜的口吻且不妄下結論的措辭詢問孩子們是否喜歡葛蘭先生，她們倆互看了一眼，然後寶拉回答說：「不是很喜歡。」隨後又加上一句說她們不能不去看他，不然葛蘭先生會很難過，他很孤單。我又問她們是否有告訴爸媽，她們會去探望葛蘭先生這件事，孩子們不說一句話地搖搖頭。艾倫又說到她不喜歡葛蘭先生想要給她錢，而寶拉接著說：「他只是很孤單而已！」

　　這位老師覺得不應該忽略這段對話，但也不能反應過度，他非常擔心，尤其是對方想提供金錢上的好處。換個角度看，這個地區充滿了孤單的老人，而這兩個敏感的小女生，應該不會做出什麼愚蠢的事情。當老師打電話通知家長的時候（事先已經告訴孩子們他必須這樣做），心中仍然天人交戰著，他不確定這兩對家長對於這件事情會有什麼樣的反應。家長們會把這件事情當作有危險但仍是可以接受的嗎？或是把葛蘭先生視為「戀童癖者」，不准孩子經過那條街？或是加入孩子們的行列一起去探望葛蘭先生？但這位老師很清楚地確定，這兩個小女生處理這件事情的方式完全符合她們目前的發展進程，她們想要與眾不同，相信自己可以、也只有自己能夠完成，但對事情的危險性只略知一二而已。

（上）楊文卿／攝影　　（下）周玫君／提供

第二章

遊戲是連接孩童內在和外在世界的橋樑

孩童利用遊戲來處理所有的焦慮和衝突——

他們透過遊戲來表達自己對伊底帕斯情結的在意、

對分離和失去的想法、

與兄弟姊妹之間的競爭。

本章介紹許多不同遊戲的玩法，

以及大家一起玩和獨自一人玩之間的差異和隱藏的意義。

男女生喜歡的遊戲一樣嗎？

安靜的孩子喜歡什麼呢？

可以利用遊戲的方式來上課嗎？

仔細閱讀本章，可以找到許多好玩的親子遊戲。

對一般八、九歲的孩童來說，玩遊戲是他們生活當中非常重要的一個部分。

孩童利用遊戲來處理所有的焦慮和衝突。透過遊戲和動作來表達自己對伊底帕斯情結的在意、對分離和失去的想法、與兄弟姊妹之間的競爭（無論是真實發生過，或是想像中的），並在這過程中變得較不害怕。孩子會試著扮演不同的角色——母親、父親、小娃娃、警察、醫生、超級英雄，以及其他許多不同的身分。多數的孩子會了解自己是在玩遊戲，透過扮演，試著控制自己的情感投入程度。只有在這些感受太過於強烈或真實時，他們才會需要脫離這樣的情境，回到真實世界裡尋求家長或老師的協助。從這個角度來看，遊戲是發展中孩童的內在世界與外在世界的橋樑。

在潛伏期的這幾年當中，絕大多數孩子玩的遊戲方式會有很大的改變。符合他們對於絕對公平這一個新信念的熱情，八、九歲的孩子較容易受到有清楚規則的遊戲項目所吸引。他們具有攻擊性的衝動可以藉由競爭性的體育活動和桌上遊戲發洩，這兩種遊戲都是需要運用機智來擊敗對手。

孩子並不是一直都可以接受遊戲輸贏的機率，因此當局勢不利於自己時，就會覺得「這一點都不公平」。各種不同競爭性的遊戲是磨練孩子如何處理懷抱希望和勝利的感覺，同時也考驗他們怎麼樣面對失望和失敗。

　　八、九歲的孩子可能仍然還喜歡假裝和角色扮演的遊戲，但這些可能要照著所規定的場景和說著預先想好的內容。在這個年紀，孩子會比較注意戲服的細節，尤其是女孩子們會絲毫不差地模仿髮型、化妝和指甲美容。他們也喜歡不同的手工藝，尤其是有閃亮的材質，和不停剪剪貼貼之類的玩意。每一個八歲的小女生都喜歡閃亮和具有金屬光澤的物品。

　　有些兒童電視節目能夠長年立於不敗之地不是沒有道理的，如英國廣播電視網的「藍色彼得」（Blue Peter）。就像其他的兒童電視節目一樣，這個節目現任主持人較以往來得更年輕，裝扮更為流行，也更為活潑，但節目內容的基本架構仍然是一樣的，試著探討潛伏期這幾年的本質，內容著重在大自然世界、好事因果循環的起因、個人的成就，和高冒險性的活動，同時也包括較為創新的素材和類型，如每個人都可以在家使用簡單的設備資源自行製作節目。

貼心小叮嚀　各種不同競爭性的遊戲，是磨練孩子如何處理懷抱勝利和希望的感覺，同時也考驗他們怎麼樣面對失望和失敗。

貼心小叮嚀　八、九歲的孩子仍然喜歡假裝和角色扮演的遊戲，只不過多了細節的注意，例如造型、道具、對白及戲服等等。

我不想被排擠

到了九歲這個年紀，孩子已經能夠區分遊戲和學習之間的差異，在學校裡的遊戲僅限於操場上，或是類似像「黃金時段」這種藉由努力和遵守秩序所贏得的特殊待遇。當然，這其中的分界線在孩子心中是越來越不清楚，他們常常在無意間跨越界線而不自知，利用顯然是「好玩有趣的」方式來學習。

這樣的好玩有趣可能是也可能不是學習的方式。在以下描述的案例當中，可以很清楚地看到對九歲孩子來說，數學課程存在著一個相當正面的元素。

學生們都坐在地毯上聽著老師複習昨天所學的內容，以及講解今天課程當中所要進行的活動。孩子們兩人一組進行一個調查，並利用長條圖呈現調查的結果。老師舉了一些例子讓學生了解可以詢問同學哪些問題，例如，調查大家最喜歡吃的食物、最喜歡的顏色、最喜歡上的課、最喜歡的寵物、最喜歡的球隊等等。當老師在講述時，底下已經有著興奮的討論聲，多數的孩子環視四周且大聲說著悄悄話，找尋他們喜歡的夥伴。有些從地毯上跳起來，開始換椅子和拿自己的

貼心小叮嚀

九歲的孩子已經知道遊戲和學習之間的差異，但還是經常在無意間跨越了那條界線，其實好玩有趣的方式不見得會阻礙學習。

鉛筆盒。老師必須把這些學生叫回來，確認孩子都了解該做些什麼，然後又花了點時間解決因為分組所產生的一些小爭吵。多數的男生選擇詢問有關英國足球隊的問題，而多數的女生則決定調查大家最喜歡的寵物是什麼。

當孩子們畫出統計表格後開始問問題，教室裡因而變得鬧哄哄的。孩子在教室裡跑來跑去，不小心就撞到教室內的家具而跌倒，或撞上同學，就好像這是一場比賽。很快就可以很明顯地看出男孩子們處心積慮想要確保自己所喜歡的足球隊獲得最多的票數，換句話說，他們利用有點作弊的方式，不過是以一種完全公開智取的方式，一旦他們知道老師會說哪一隊，就會避免去問老師，或是重複問老師好幾次。他們提供一些誘惑給會說出心儀隊伍的同學，或是對著新來害羞的學生（只會說一點點英文），跪著求他再加一票。女生隊們對於寵物的熱忱一點也不輸給男孩子們，其中有一對只要有人的答案是「小狗」，她們就歡呼一次，另外一隊則試著說服每一個人回答「兔子」。

老師要求班上同學放低聲量，但因為很少看到孩子們對於某件功課有這樣高的參與感，便決定在時間上給予一些彈性。不意外地，最後的結果並不正確，各組的答案都不一樣，也沒有一致性。不過，這堂課是相當有趣的，大家對於統計表格和長條圖的基本原則因而相當清楚。老師告訴大家，明天還會繼續討論這個主題，同時強調準確的必要性。

在這整個過程中，有趣的是，可以看到魯賓這個小男生，他

並沒有和任何人配對合作，老師說他可以加入其他組，成為三人小組，但經過幾次失敗的嘗試後，魯賓放棄和別人一起合作，決定自己一個人進行這項作業。他很快且有效率地就完成了圖表，並拿給老師看。老師恭喜他完成，還把他做好的圖表舉起來展示給全班看，之後告訴魯賓他贏得了一些遊戲時間。他自己歡呼且朝空中揮舞著拳頭表示高興，但似乎看起來不太知道自己之後該做些什麼。魯賓走到圖書角落，躺坐在一個懶骨頭椅子上，看著班上的同學繼續進行這項作業，同時，他雙手不停轉著背後板子上的吸鐵。在一群鬧哄哄的學生當中，他看起來相當地孤單。

　　孩子們在二人一組的配對，或組成三人小組，和在班級遊戲時選擇隊員時，都表現得相當殘忍。一旦老師表示要大家分組時，整個氣氛就充滿焦慮和競爭的感覺。孩子們討厭自己是最後剩下的那一個，若是仔細地觀察一個班級，就可以發現孩子們會為了鞏固自己的地位和排擠某人使用許多卑鄙的策略和手法。

　　在上述的案例當中，魯賓被拒絕了好幾次，有一組悄悄轉過身去背對著他，有一組小聲地叫他「滾開」，另外一組直接推開他，魯賓最後試著加入的那一組轉身求助於老師：「老師……我們不想要跟他一組，我們沒有一定要跟他一組吧？」很顯然這是有某些前因所造成的。後來觀察這個班級的研究人員才知道，原來魯賓是個非常聰明的孩子，只要有他在，他一定會成為主導。

「你最喜歡上哪一堂課？」
「下課」

下課的遊戲時間是學校生活當中很重要的一個部分。八、九歲的孩子需要在學習當中休息一下，而呼吸幾分鐘新鮮的空氣，對他們也是有益的。然而，典型的學校操場其實提供了相當複雜的事物。那是一個讓孩子探索自我、交朋友及培養友誼的社交場所，也是讓孩子體驗歸屬感和排斥感的場合。在操場上，他們可以了解自己的優點和缺點，和根據年紀、性別、能力，甚至只是體能所形成的高低位階。對某些孩子而言，操場是一個可怕的地方，他們會盡其所能地避免去靠近它。他們就是那些老是自願在中午吃飯時間協助老師的學生，或是當快要下課時會望著天空，心中暗自希望老天爺下一陣臨時大雨的孩子。但對於其他的孩子來說，下課是他們可以表現出勝過其他人、領導他人和讓其他人對自己印象深刻的時候。操場是很多孩子嘗試社交關係的場所，尤其是在這個年紀，他們對自己是否要加入某個團體的想法感到興趣，同時也想要有個特殊的朋友，或最好的朋友。當然，若是沒有足夠的監督，操場也是個相當危險的地方。

在操場上，八、九歲的孩

> **貼心小叮嚀**
>
> 這年紀的孩子很想成為某個團體中的一份子，同時也想結交一個對他而言是很特別的朋友。

子通常會從事各種不同的活動，喜歡「運動」的男孩們可能會踢足球，有時候當人數不夠時或是當其中有一個特別厲害時，年紀較大的男生們會願意接受和較低年級的一起踢足球。很多學校必須禁止孩子帶球到學校來，因為這樣會讓他們成為被霸凌欺負的主角。

還有許多其他在操場上玩的傳統遊戲，像跳房子，在這個年紀的女生當中是相當受歡迎的。然而，仍然還是會有孩子們擠在長椅上，或靠在牆上，交換著不同的訊息，或推擠著搶位子。

有些兩兩成對孩子會在操場周圍閒晃，女孩子們手勾著手，拒絕其他人加入、破壞這兩人團體。老師曾經說過八、九歲是個相當迷人的年紀，因為孩子們都想要融入團體之中，但卻又不太能夠應付，絕大多數的孩子都還處在一個需要某種安全感的階段，而這種安全感是來自於知道自己有一個好朋友，即使這個好朋友經常會更換。八、九歲同時也還是個無法處理太多衝突的年紀。

貼心小叮嚀

老師曾經說過八、九歲是個相當迷人的年紀，因為孩子們都想要融入團體之中，但卻又不太能夠應付，絕大多數的孩子都還處在一個需要某種安全感的階段，而這種安全感是來自於知道自己有一個好朋友。

貼心小叮嚀

八、九歲是一個無法處理太多衝突的年紀。

你在家玩什麼遊戲？

這個年紀的孩子在學校以外的生活當中可能需要幫忙一些家事，或負責某些工作。但大家期望孩子在晚上、週末和放假時還是應該以廣泛的遊戲活動為主，包括不同的選擇：有規畫的體育活動、騎腳踏車或電動車、溜直排輪、玩組合玩具、桌上遊戲、玩洋娃娃或模型小汽車、電腦遊戲和許多其他不同的遊戲。有些是可以自己一個人玩，有些則需要其他成員的加入，可能是家長、手足或朋友。有些遊戲甚至需要許多人一同參與，甚至還要有個大人協助指導或規畫。很多家庭的休閒時間都花在看電視上，但這項活動對孩童發展上的傷害（或沒有傷害）仍有許多的爭論。我們或許可以很輕易地泛論或是理想化電視開始普遍流行前的世代，那個時候（根據別人告訴我們的）家庭擁有自己的娛樂活動，家長也會花較多的時間和孩子一起玩。我們無法確定我們到底失去了多少，而電視和其他科技產品的好處是否大於其所帶來的缺點。然而，越來越明顯的是，不會玩遊戲的孩子們，無論是無法加入和別人一起玩，或是無法以有創意的方式進行遊戲，他們在學習和發展社交關係上都居於顯著的劣勢。

貼心小叮嚀

有研究顯示，不會玩的孩子在學習和發展社交能力上都居於劣勢，所以多鼓勵孩子們玩吧！玩出創意、玩出友誼、玩出健康、玩出快樂。

▎「自己玩」隱喻的意義

　　有些八、九歲的孩子從來不去試著和他人一起玩，也從來不會想要引起大人們的注意或是贊同。這些孩子有時候會被誤認為是「獨立的」或「可自我滿足的」，但較為正確的想法應該是他們可能沒有機會跟一個有趣、能夠給予自己足夠注意力的大人一起玩、一同分享，和慶祝他們的成就。

　　自己一個人玩的這個行為，可能表示他們很急迫想要振作起來，處理好焦慮的感受，和處理自己的孤單。若這已是個根深柢固的模式，表示孩子可能產生了一種自己是無所不能，可以自給自足的假象，並真心地認為自己不需要任何玩伴。觀察孩子自己一個人玩的時候，可以看出來他們正專注於一個生動的想像世界裡。更仔細的觀察可以發現，活在自己世界裡的孩子的遊戲內容通常是很貧乏的。

貼心小叮嚀

　　時常自己一個人玩的孩子，不表示他就喜歡這個模式，可是久而久之他可能會認為自己是不需要玩伴的，而這個想法是危險的，大人必須要警覺並協助他。

貼心小叮嚀

　　自己一個人玩的這個行為，可能表示他們很急迫想要振作起來，處理好焦慮的感受，和處理自己的孤單。

需要限制孩子玩某些遊戲嗎？

模仿是遊戲當中相當重要的一個要素，但如果孩子的遊戲內容僅僅止於模仿，就值得擔憂了。仔細觀察孩子們的角色扮演遊戲（假裝遊戲）可以發現，有些孩子在遊戲中嘗試不同的人物身分，和在心中編造關於這個遊戲的故事情節，其他孩子則僅是重複事物發生的過程，並沒有加入任何發展或趣味性。舉例來說，這些孩子會重新布置娃娃屋裡的家具和洋娃娃們，且以和現實生活中相同的精確方式呈現，但是從來不會對娃娃屋或住在裡面的娃娃居民發展出任何的故事。他們寧願模仿別人的畫作，也不願意自己創作，這通常也會在自由創作繪畫上遭遇到困難。

在遊戲內容絕大部分都是模仿的這群孩子當中，可能會有些是無法處理想像力和象徵性的遊戲，原因是他們在分辨真實和假裝的能力上可能真的不行或有部分缺失，心理曾經受過創傷的孩子尤其會有這樣的困擾。

舉例來說，在一個小學的班級當中，助教發現自己必須一直跟艾奎寶保證班上同學一起做的火山模型不會真的爆發。當老師說到這件事情時，艾奎寶居然愣在模型前面，還用哽咽的聲音問助教火山熔岩會不會流到他住的地方去，因為孟加拉的大水災讓他無家可歸，他因此才和父母親來到英國。

受創的生活經驗，讓孩子們特別的激動和格外的警覺，他們

或許是無意識地警戒著下一次的攻擊，且對被一般兒童所忽略的噪音有著緊張的反應，例如，飛過頭上的直昇機所產生的聲音，學校外面路上施工時的水泥攪拌器的聲響，和遠處的警笛聲。

這些對於事實與想像之間（真實與假裝之間）有著模糊界線的孩子可能不是個好玩伴。他們可能很隨興地玩起一個遊戲，然後逗趣地跌倒，但卻會對別人不小心敲到他大驚小怪，暴力相向，且真的表現出想要傷害他人的樣子。競爭性的遊戲最後可能會演變成類似的結果，因為當中的競爭對某些孩子來說太過真實了。舉例而言，脆弱的八、九歲孩子可能會開始玩大富翁（無論是傳統版本或最新的電子版本），雖然知道自己玩的是假的錢幣，但在遊戲過程中，孩子們仍可能因為贏得許多金錢和權力，或輸了很多錢或擔心失敗而感到極度害怕，以致過於投入，而導致其內容在心中變成了事實。這和我們所知道的競爭性對抗不一樣，一般的競爭性對抗會在某種程度上吸引我們投入，而且是在學習「競爭和輸贏」上很重要的一個部分。

受過創傷的孩子有時候會因為某些情境而再次陷入傷痛之中，一個剛開始看起來像是遊戲的活動，很有可能後來變得過於真實。以下是一個可生

貼心小叮嚀

透過觀察孩子如何玩，可以得知孩子內在的問題和學習阻礙在哪裡，譬如孩子玩扮演遊戲時，只會重複性的模仿，而沒有新的玩法，表示他的想像力和創造力可能還沒有受到啟發。

動描述這類狀況的案例，
有個安置在寄養機構之前
曾經受到家暴的孩子，在
一次的遊戲當中，他用手
搥打泰迪熊，慢慢地變得

貼心
小叮嚀

關於電腦遊戲是否會導致
孩子暴力行為的爭論，往往將
重點放在遊戲的內容上，而忽
略了玩家的心理狀態。

像發了狂似的越來越用力地搥著玩具，直到把熊打倒在地。曾經
受過性侵害或看過不適宜性行為的孩子，有時候會對受生理吸引
所產生的愛撫行為感到困惑，當他和其他大人或孩童有肢體接觸
時，可能會誤認為這個動作是他人好色的行為。

　　上述狀況，大人需要能夠辨識出發生什麼事，並在需要時
介入處理。當脆弱的孩子在玩電腦遊戲時，更需要特別注意。暴
力電玩是否會導致孩童有暴力傾向的爭論往往忽略了這一點，通
常都僅著墨於電腦遊戲的本身，而忽略了遊戲玩家自身的心理狀
態。能夠分辨真實與想像，知道何時是在玩遊戲，何時不是在玩
遊戲的九歲孩童，通常不太可能會被遊戲當中某種程度上的暴力
行為所吸引，他們知道什麼時候該停止，提醒自己真實世界的狀
況，比較不可能因某些程度的暴力刺激而受到影響。而內在世界
缺少安全感和缺乏真實感的孩子則可能會對遊戲的內容過於信以
為真，感覺過於興奮刺激和身處在危險當中，會讓他們習慣於強
度較高的刺激，甚至是上癮而無法自拔，相較之下，現實生活看
起來就比較無趣、平凡普通。

安靜的孩子喜歡的遊戲

　　大部分的孩子其實是可以分辨現實與想像的，並且偏好現實生活。這些孩子會偏好根據事實撰述的書籍，而非小說類，也喜歡拼圖、數字謎題和其他類似的電腦遊戲。他們需要確定性，會因為知道所有問題都有一個「正確」答案而感到安心，可以一次又一次地重複同樣的過程，而總是可以得到相同的結果也會讓他們覺得有安全感。時下的文化對於這些孩子其實不太友善，常常有人用「書呆子」或「怪胎」將他們標籤化。

貼心小叮嚀

　　我們不應該給喜歡靜態活動的孩子貼上類似「怪胎」或「書呆子」等標籤。

貼心小叮嚀

　　有些孩子喜歡單獨作業，而不習慣與他人合作，一旦勉強他和別的小朋友配對就開始產生焦慮。此時大人們要懂得觀察孩子關於此現象的輕重程度，以給予適當的關注與協助。

　　這群孩子在一般的教育過程當中，各方面通常都表現得相當不錯，也不會給老師們惹麻煩。但他們可能在社交關係上很孤立，且避免和其他同儕有所接觸，如果可能的話，盡可能自己獨立作業。若是要求他們在不同的活動當中與其他孩童配對，或加入另一個團體，都會造成他們無法忍受的焦慮，這時可能需要更進一步了解孩子的心理健康狀況，

通常都是程度輕重的問題。

菲利浦是個高大、清瘦的男孩，有著淡藍色的眼睛和有點冷漠疏離的表情。他對數學非常擅長，也喜歡埋頭於具有挑戰性的計算當中。在學校生活當中，數學課是他最喜歡的時光，反

之，文學課程則是最討厭的部分。在閱讀課上，充滿資訊的讀物，例如跟事實、機械、汽車、火山及恐龍有關的數字，都會吸引住菲利浦。他的老師試著以故事書引起他的興趣，但他卻感受不到故事書想要傳達的訊息。他的作文裡運用了許多資訊，而想像部分的比例則佔得比較少。

菲利浦並不介意其他人叫他「火車怪客」，要是在操場上有人叫他「怪咖」，菲利浦會冷靜地轉過身回答：「我是。然後呢？」他自己覺得無所謂，他的父母親也不擔心。菲利浦和兄弟姊妹，以及同輩親戚們相處得不錯，班上同學也不介意和他一起合作，他對於數學的熱愛在小團體共同作業中，其實還算是蠻有幫助的。

唐諾的處境就不一樣了。他也相當擅長數學，但並不是頂尖厲害的。唐諾對交通工具有著無比的熱忱和興趣，尤其是火車和

公車。他可以說出多數進城公車的時刻表，週末的時候會在自己居住的馬路和主要幹道的交叉路口記錄下來來往往的公車。無論是在家裡或學校，唐諾都無法好好處理社交關係。他寧願一個人坐，若是要他和其他孩子坐在一起，即便是自己的妹妹，也會開始流汗和呼吸急促。任何不是建構於明確事實的活動，都會讓唐諾感到緊張害怕，且因焦慮而開始大聲講話和行為衝動。

在家裡，唐諾很滿足於獨處，做自己感興趣的事情。當家人一起用餐，或是一同外出參與活動時，他的應對也不是很好。日常生活當中事先安排好的事情如果突然改變，都會讓唐諾覺得驚慌。他最討厭家庭度假。唐諾的爸媽和姊姊頗覺困擾，他們覺得唐諾需要一個可預期的生活，而這樣處處受限的生活模式已經讓他們到了無法忍受的地步。唐諾自己並不太介意，只要需求是優先被滿足的，其他人的感受對他而言是無關痛癢的。

唐諾的父母親詢問過學校，且替唐諾安排了完整的評估來了解他的能力和需要。心理師在學校裡進行了一連串的測試後，將這個個案轉介到當地醫院的小兒科。幾個月後，唐諾診斷出具有亞斯伯格症狀。大家希望唐諾會關心這件

貼心小叮嚀

當發現孩子有社交困難、無法忍受別人的碰觸、偏執某項事物，或因為事情不在他的預期內而開始焦慮，無法控制自己，大聲說話及做出衝動的行為時，父母最好帶他到醫院做檢測，找出問題的根源，好對症下藥。

事情，但實際上他並沒有，若要說這件事情對唐諾如果有任何影響的話，那就是讓他覺得有點放心，因為亞斯伯格症狀的這個標籤得以讓他對付在學校裡所受到的欺負。唐諾的父母開始了解與這個症狀相關的訊息，加入家長支持團體，與團體成員間相互支持，而其他家長成員還提供了要如何處理唐諾特殊需求的建議。父母也開始多關照小女兒的需要，並多花一點時間在自己身上，無論是獨自一人，或是夫妻倆一起。此外學校提供了一些方式幫助唐諾處理自己的焦慮感受，並針對他覺得可怕的事物給予個別的協助。

林怡青／提供

第三章

八、九歲的孩童
喜歡看什麼樣的書？

這階段孩子喜歡的書籍及影片有幾個特色：

懸疑冒險的、角色要有好人跟壞人，

以及故事最後一定要Happy Ending。

在本章中介紹了幾本八、九歲兒童喜歡閱讀的書籍與影片，

像是〈納尼亞傳奇〉、〈魔戒〉、〈哈利波特〉系列等，

並提出一個議題：

是否該保護孩子不讓他們看到悲傷的結果，

或是有壞人戰勝好人的後果，

很值得我們和孩子一起討論。

本章裡還有這年齡層的孩童所創作的故事分享，

你也可以仿照書中方式和孩子玩玩看。

潛伏期的孩子常常會沉溺於想像的世界中，他們通常已經接受聖誕老公公和牙仙子實際上是不存在的，但對於虛構的世界仍然相當嚮往。他們最喜歡的故事當中大多都會有一個擁有無比強大能力的主角，很多都是卡通或是電腦遊戲當中的人物，例如，動物、玩具、機器人和能夠思考與說話的機器。若故事中有人類小孩，通常都是一個群體，面臨許多各種不同的挑戰和探險。和一般生活有關的故事是少之又少，倘若真的描述這樣的情境，通常家長是不會存在於故事當中的。

近年有幾部受歡迎的影片，如〈納尼亞傳奇〉（The Chronicles of Narnia，作者路易斯〔C.S. Lewis〕）和〈魔戒〉（Lord of the Ring，作者托爾金〔J.R.R Tolkien〕），對那些年紀還不到可以閱讀這些原著小說的孩子，或是那些無法接觸學校以外書籍的孩童們，他們也可以親近這些精彩書籍裡的故事和角色們。這些故事都探討著一個共同的主題，環繞在好與壞之間掙扎著，且善良的一方一定會獲得最後的勝利。在故事發展的過程中會發生許多可怕的事，多數的孩

貼心小叮嚀

以往較少有貼近真實生活的故事繪本，而近幾年來這類型的故事繪本有日益增多的傾向，內容包括父母離婚、親人失業、死亡及同性戀等議題。現今大家討論的一個議題就是這年齡的孩子適合閱讀這種類型的繪本嗎？我們需要提早讓孩子接觸人生的殘酷面和悲傷的結局嗎？

子會喜歡某種程度令人感到震驚和懸疑的情節，而最後當所有的困難都克服時，孩子們會感到安心。

　　是否該保護孩子不讓他們看到悲傷的結果，或是有壞人戰勝好人的後果，對於這樣的討論仍然意見分歧。很多現代童書作者會描述一些與真實生活相關的議題，例如霸凌、家庭破裂和收養，這些書籍也廣受八、九歲小讀者們的歡迎。這些故事能吸引那些在故事中看到與自己相同經歷的孩子，和那些雖然沒有直接受到傷害，但對這些事物感到好奇的孩童們。

　　就像其他問題一樣，這引發了一個關於這個年紀的重要議題，那就是不同的孩子在接受程度上是有相當大的差異性，有的孩子可以坦然地面對，有的卻覺得相當地討厭。有時候純粹僅是因為不同孩子在情緒發展上的差異程度所造成的。在一般班級的閱讀課中，有些八、九歲孩子可以看由插圖加上簡單文字的繪本，其他則會沉溺於J.K. 蘿琳（J.k.Rowling）所著的《哈利波特》（Harry Potter）系列的大量文字當中。然而，有時候，發展上的差異是在於不同和更嚴重的狀況上。有些孩子對於事實和想像當中的差異並沒有很清楚的認知和理解，當面對一個影響力強大的故事、電影和電視節目時，他們便會感到困惑。這個議題在上一章已有深入的探討。

孩子自己寫的故事

孩子寫的故事通常都會顯露出自己的興趣、擔憂和心裡所掛念的事物。

接下來的單元是節錄在1999年底由英國慈善團體「兒童熱線」（Child Line）所資助出版的書籍，其中包括了千禧年徵文活動，以九十九個字寫一個有關千禧年的故事，且文章要以「突然之間」開頭。

珍安娜‧洛克，八又四分之三歲

突然之間……媽咪如旋風般穿過我房間的門口，「妳的房間又是一團亂！」媽媽大叫著：「珍！這是最後的警告。」隨著媽媽自言自語地走下樓去，她的聲音也逐漸地消逝：「等爸爸回來，你就知道了。」我躺在床上，無視於身邊的混亂，想著該如何慶祝千禧年的來臨。靈光一閃，我想到了！我整理了房間，擦拭窗戶，把所有的東西都收好。我想媽咪會很高興。畢竟有個千禧年就要來了，而且照媽咪說的，這已經是她第一千遍叫我清理我的房間了。

這個故事當中有許多屬於八、九歲小女生的典型特徵。第一是她用八又四分之三歲來描述自己的年紀，即將九歲了這個事實對她而言，似乎是相當重要。接著她選擇了家庭生活當作故事的

背景，但情境卻是自己有點叛逆、近乎是青少年的樣子。她發現了千禧年和大家常說的「我跟你講過一千遍了」之間的連結，並且利用這個笑話來發展她的故事。

露意絲·歐寇克，八歲

　　突然之間，我醒了過來，發現自己並不是睡在房間的床上，而是在花園裡，而且自己只有不到8公分高。我站在一個千禧仙子旁邊，她告訴我，她的名字叫作千禧妮雅，是來送千禧禮物的。她問我想要些什麼，並給了我一個盒子。盒子的外面寫著千禧年魔法的字樣，當我打開盒子的時候，千禧年的光芒環繞著我，當我再度張開眼睛的時候，我又安全地躺在自己的床上了。

　　這個故事在標點符號的使用，和字裡行間散發的幽默感，沒有比前一個故事精彩，但同樣地，都是這個年紀很典型的作品。露意絲想像自己如果變得很渺小，成為一個縮小版的自己，感覺會是怎樣。在這個故事裡面有魔法，還有仙子來贈送禮物，並確保在故事最後，主角露意絲本人會安全地回到自己的床上。八歲小孩對自己的床相當的依賴，且絕大多數傾向故事要有個美好的結局。

亞當·雷德，九歲

　　突然之間，千禧蟲出現了。在國會裡，牠們一直對電腦搔

癢，直到它們大笑到把螢幕
給關掉。然而沒有了電腦，
那些國會議員們就不記得自
己的演講內容，所以他們就
回家了。在東京，電腦裡的
所有電線都變成了麵條。老

> **貼心小叮嚀**
>
> 從孩子寫的故事中，你能看到孩子顯露出來的興趣、擔憂和心裡所掛念的事物。想了解孩子，就多看看他書寫的文字吧。

闆們把這些丟出了窗外，大家都拿著筷子在吃麵條，直到太飽再
也吃不下了。在美國，太空梭飛往運行軌道的途中，在天空中劃
出「哈囉，媽咪！」的字樣。當大家慶祝新年的來臨時，蟲子們
被風笛的聲音嚇到了，而且再也不會出現了。

　　九歲的亞當對於不合理的事物有著發展良好的理解程度，
他的故事和前面兩位八歲小女生的故事不一樣，亞當並沒有把自
己當作故事的主角，整個故事當中，並沒有一個「我」字。他展
現了自己對家裡以外世界的知識，他知道不同的國家，而且知道
與工作相關的世界——電腦、國會議員們和老闆們。然而，他所
專注的地方令人訝異地還是一樣的，有著魔法和快樂的結尾。或
許這個故事最有趣的地方是，在混亂和刺激當中，「哈囉，媽
咪！」被編造在故事情節裡。這個九歲的孩子，其實也沒有離開
家裡太久太遠。

孩子懂得幽默嗎？

　　和七、八歲的孩子一樣，八、九歲的孩童喜歡自己可以聽得懂的笑話、謎語和韻文。他們不停說著的「敲敲門」和「大象」的笑話，喜歡改編知名歌謠的歌詞，自得其樂。

　　以下有兩個例子，一個是二十年前一個八歲小孩所說的，另一個則是發生在近年。內容上有所差異，不過，本質精神是很類似的。

就一個蛋捲冰淇淋（Just One Cornetto）
給我吧！（Give it to me！）
他X的不可能（Not b***** likely，）
要付60元！（It's 60p！）

瑪莉瑪莉相當愛唱反調（Mary Mary quite contrary）
你花園裡的花草長的如何啦？（How does your garden
　　　　　　　　　　　　　　grow？）
我住在公寓裡，你這個白痴（I live in a flat, you stupid prat.）
我他X媽的怎麼會知道（So how the f*** should I know.）

　　這二個孩子唱的歌謠聽起來有點傷風敗俗，主要是因為其中摻雜了髒話。大多數八、九歲的孩子偏好以笑話為主的幽默，而非像小丑般搞笑或胡鬧。他們可能會對一般丟蛋糕或派的手法，

或其他類似掉入「油污池」或「泥巴池」的笑梗而哈哈大笑，但會因為有人了解他們聰明玩弄詞句上的笑點，而覺得最有成就感。

很多九歲的孩子對於現實生活裡的笑話有著內在的恐懼，這是因為他們正處在一個無法忍受變成眾人焦點，或成為被羞辱的對象的年紀。

他們的自信和逐漸發展的獨立感是很不容易建立起來的，而且很容易被一些不好的經驗所打擊，比如，覺得自己很丟臉，或覺得自己很渺小。他們不想要成為笑話中的主角，也無法忍受其他人嘲笑自己。

哈利波特的故事便是正中紅心地討論到了這個議題。九歲的小讀者們（或是看電影的小觀眾們）可以心無旁騖地進入魔法的世界。衛斯理雙胞胎兄弟的魔法發明就等同於霍格華茲魔法學校中的老把戲，例如假血，或是仿造狗大便。這對兄弟想出了很多奇怪且很棒的魔法物品，哈利波特和他的朋友們都很喜歡，當踮

> **貼心小叮嚀**
>
> 這個階段的小孩喜歡自己聽得懂的笑話、謎語和童謠，而且還非常喜歡自己改編歌詞；此時可以跟孩子玩寫寫小詩的遊戲。

> **貼心小叮嚀**
>
> 「便便，沖掉；馬桶還在。」是這個年齡層孩童慣有的幽默，凡事只要講到屁屁或屁股或小雞雞都會令他們樂不可支，笑到不行。而且當大人能夠體會他們玩弄文字詞句上的幽默時，他們通常會很有成就感。

哥馬份和他的跟班們欺負他們時，他們也利用這些魔法來加以報復。九歲的孩子們可以看到跩哥馬份的不安，且知道自己是站在好人的這一邊而感到安心。甚者，這些所有的事情都是在父母看不到的寄宿學校當中發生的，更添加了樂趣，主角還是一個父母雙亡的孤兒，有著與他人不同的奇特遭遇，對於潛伏期階段的孩子們來說，這些都是小說故事中該具備的完美元素。

林柏偉／攝影

第四章

小大人們的煩惱

本章清楚地描述什麼樣的事會困擾孩子，

像是父母親神秘兮兮的、家庭氣氛怪怪的、

面臨寵物或親人的死亡、新聞事件的影響、第一次在外過夜及搬家，

都會令他們忐忑不安與焦慮。

所以，是否應該將家中狀況如實告訴孩子，

是本章討論的議題之一。

另外，如何協助孩子第一次在外過夜、

如何教導孩子面對死亡的失落，

以及如何看待新聞事件所帶來的衝擊等等，

這裡提供了不少具體的好方法。

我們家發生什麼事了？

就算禁止孩子們觀看新聞，他們仍然會從家長和老師身上，以及整個的居住環境當中感受到焦慮。爸媽很清楚地感知到孩子似乎知道自己正在煩惱著，即使已經非常小心地不在孩子面前討論這些惱人的事情。

強尼推開他的食物，抱怨有點肚子痛。他不想去上學，即使今天是星期三（這是強尼最喜歡的一天）。他一整天都待在床上，而且沒吃什麼東西，但最後他還是要求爸媽讓他下樓來玩電腦。隔天，強尼仍然拒絕去上學。媽媽想一定是在學校裡發生了什麼事，可能有同學欺負他，所以連絡了學校老師，但卻沒有發現任何問題。接下來的一個星期，強尼只去了兩天的學校。媽媽試著和強尼溝通到底有什麼問題，也表示完全不相信肚子痛這個說法。強尼哭著告訴媽媽，他想如果自己在家，媽媽就會很安全，爸爸就不會打包行李離開他們。強尼說他注意到每次自己或哥哥一踏入房間，爸媽就會停止他們正在討論的話題。強尼知道家裡缺錢，因為他看到一疊的帳單，而且不小心聽到爸爸說在新堡有一個不錯的工作機會。媽媽向強尼保證，爸爸不會離開他們，他們只是在討論父親公司重整的可能性，其中一個選項是搬去新堡，但目前還不想讓孩子們擔心。

關於強尼的父母是否該讓孩子們知道他們在考慮要不要搬家

這件事情仍有爭議。的確，這個案例很清楚地是大人們的事。然而，大人們的心思可能不自覺地被這些事情所佔據了，而在每次私底下討論這件事情時，可能沒有特別留意孩子。很顯然地，強尼是個敏感的孩子，他將他

> 大人別以為已經把擔憂的情緒隱藏得很好了，孩子可以很敏感地嗅出。到底該不該跟這個年齡的孩子開誠布公說，的確需要縝密的思考和真正了解孩子，才能做決定。
>
> 貼心
> 小叮嚀

的懷疑和爸媽所不知道的經歷連結在一起，例如，朋友家裡發生的事情，或從電視節目裡看到的情節。只要沒有理由讓孩子繼續懷疑自己只知道一半的事實，通常這年紀的孩子都會接受大人的保證。整體來說，孩子們會希望回到潛伏期時那種無憂無慮的生活當中，那兒相較來說較單純，他們只需要專注於遊戲和學習就好了。

對生命與死亡的擔憂

實際上真的遇到死亡時，孩子通常會表現出不在意的樣子，用這件事情似乎並不重要的態度來處理自己的感受。他們可能想避開「知道」家中有人死掉這件事，甚至說出一些話語，或做出一些行為，讓大人們覺得孩子對這個事件是不敏銳的，或是覺得

無關緊要的。在這個年紀，孩童通常都能夠理解死亡便是終點的這個概念，且不會期待親人或是寵物死而復生，他們知道無論是爸爸或是最喜歡的老師都無法拯救死去的人。若不能藉由尋找這個需要被拯救的人來否定死亡，孩子們可能會直接將自己置身於事外，假裝這件事情從來沒有發生過。換句話說，親人或甚至是寵物的死亡，都會使八、九歲的孩子陷入絕望的深淵，好像世界末日來臨一般。對孩童來說，死亡可能明確地讓他認知到自己未來也會死掉的事實，或是父母親有一天可能也會離開人世。這樣一來，孩童會開始擔心死掉的人們會發生什麼事情，也會擔憂若是自己孤單一人留在這世界上時，又是否可以應付。

　　孩子也可能因為聽到或看到的新聞而過於驚嚇。在2001年恐怖份子攻擊紐約之後，孩子們對於飛過頭頂的直昇機會特別敏感，晚上也會做惡夢，夢到自己住的大樓倒塌。在2004年南亞海嘯發生過後，有些孩童對於到海邊去會感到相當焦慮；2005年人們拍攝美國紐奧良風災時的照片，再度勾起這些恐懼；2007年利物浦有一個十一歲孩童被槍殺，之後，上百名的孩子因為過於害怕，而不敢走出室內到馬路上去，導致學校的出席率明顯下降。誘拐孩童的故事有著非常直接的影響，程度更甚於非洲飢餓

貼心小叮嚀

　　在這個年紀，孩子已經知道人死不能復生，有些孩子會假裝不知道「死亡」這件事或表現出不在乎的樣子，其實只是避免自己去承受這樣巨大的傷痛。

兒童的照片。可以確定的是，因為孩子們大都可以想像自己可能成為誘拐事件的受害主角，而非洲飢餓兒童的照片對他們而言，仍然是有距離的。

當新聞報導一個失蹤孩子的時候，敏感的八、九歲孩子便會注意到。有時候，家長很難理解為什麼孩子會因為發生在陌生人身上的某件事，而感到非常難過傷心。孩子自己可能也不太清楚到底是什麼讓他這樣的感嘆，有可能是這個故事當中的某個部分，在他的內在世界裡引起了共鳴，而這個部分還不在他意識的思考裡。一個相關的案例，一個八歲的孩子看到新聞上有一個六歲孩童的綁架案，便開始擔心自己六歲妹妹的安危，這不僅是關乎姊妹之愛這樣簡單，這個姊姊對妹妹一直有著一種矛盾情結，她現在覺得更需要保護妹妹，是因為下意識擔心自己對妹妹的敵意，可能會帶來與綁架類似的災難。

潛伏期年紀的孩子常會因為自己沒有說出來的想法和感覺，承受著罪惡感和焦慮。在八歲和九歲這個階段，他們已經知道對與錯，若是自己曾經不懷好心或有想要攻擊他人的想法時，就會覺得很愧疚又煩惱。就如同上一段所描述的案例，孩子們常常擔心自己對他人的敵意會造成悲慘的後果。有些孩童會養成執行某種儀式，或形成某些行為，都是用來確保壞事不會發生。

泰倫的「習慣」已經對家人造成很大的困擾，他從小一直都是一個「挑剔、難以取悅」的孩子，到了九歲的時候，他依據腦

袋中一本無字天書裡的規則來規畫進行生活裡的所有行為。泰倫
在家裡會不停地洗手，而且只能用他自己的毛巾把手擦乾。他不
願意吃碰過其他餐盤的食物，馬克杯也必須要另外清洗，不能跟
其他的碗盤一起洗。泰倫的房間是毫無瑕疵的乾淨整齊，要是有
任何人進到他的房間挪動了任何東西，他就會呈現歇斯底里的狀
態。睡覺時間尤其麻煩，泰倫會用他的方式，緩慢地進行睡前的
例行工作，當他在洗臉、刷牙、摺衣服等過程當中，若是有任何
事情干擾，他就會重頭再進行一次。最後媽媽還必須要用同樣的
方式說出同樣的話，才可以關燈。

　　要是在家裡，所有這些例行工作和儀式都可以按照計畫進
行，泰倫便可以應付學校的狀況。他的成績不錯，而且在學校裡
似乎可以較為放鬆一點，對於清潔狀況的顧慮少一點，也較不擔
心會被污染或弄髒。泰倫的老師知道他的狀況，但她只願意做一
小部分的讓步，多數的時間老師並不允許泰倫可以和班上同學做
不同的事情。

　　泰倫的父母為了要了解兒子的怪異行為，諮詢了專業的意
見。因為相較於學校，泰倫在家裡覺得很不安全，讓他們相當沮
喪。學校諮商師說雖然他不是很確定，不過很多孩子會培養出固
定儀式，大多是要說服自己，相信自己是可以控制發生在所愛之
人身上的事情。諮商師表示，泰倫可能不是太過擔心是否會受到
傷害，而是擔憂身上的「細菌」會讓父母生病，他的固定儀式可
能是要確保家人是安全無虞的。這聽起來有點奇怪，不過泰倫媽

媽覺得好像有點兒道理。這讓她有了勇氣，想要試著改變泰倫的習慣，主動讓兒子知道媽媽是很強壯健康的，無論他害怕的是什麼東西，家人們都是可以克服並生存下來。媽媽很訝異的發現，泰倫很快就可以適應她的新方式，而且慢慢放棄很多原來的固定儀式。不過，還是無法改變他在睡前所需要的例行儀式，最後爸媽決定暫時讓泰倫繼續這個行為，希望未來有一天，當他想要到同學家過夜或參加學校的旅遊時，自己會想要改進剩下來的問題模式。

孩子第一次單獨在外過夜

很多八、九歲的孩子，學校的例行生活照走，同時間卻也祕密地與某些隱藏的問題奮戰著，這些不為人知的困難在孩子的心智和體力上佔據了很大的一部分。的確，要隱藏祕密所花的力氣和孩童發展其他面向一樣，通常都會被模糊或忽略掉。

接下來這段關於學校活動的描述，或許可以描繪出某些普遍的困難，而這些困難是這個年紀的孩子還不想要承認的。

高梅茲老師的班級即將要參加一個為期三天的校外旅遊，會在八十公里外的社區活動中心過夜。他們之前就知道今年可能會針對這個年級舉辦這樣的活動，但沒想到會成真。孩子們馬上

覺得自己長大了許多，興奮的情緒馬上蔓延在教室內，紛紛轉身與自己的好朋友們討論，且開始分配誰要跟誰同房一起睡，在遊覽車上誰要跟誰坐在一起等等。有一群小男生們甚至已經開始討論要帶多少零用錢出門，另外一群則詢問老師可不可以帶電動玩具，然而，高梅茲老師只注意到約翰，他的臉色變得非常蒼白，還有蘇西，她此時正望著窗外，看起來快要哭出來了，而奧瑪頻問老師可不可以下課。高梅茲老師在心中暗自記下這三個孩子的狀況，他們可能需要個別的照料，他也許需要跟這些孩子的家長談談。從前幾年校外旅遊的經驗當中，高梅茲老師知道這種活動總是會引起一些孩子們不願意讓他人知道的恐懼，他知道有些孩子會擔心校外旅遊所提供的餐點沒有他們可以吃的，有些孩子甚至沒有在外過夜的經驗，而有些孩子會害怕自己可不可以應付沒有睡前的例行儀式，或是可不可以帶最喜歡的玩具。另外一個普遍的問題是尿床，有些孩子因為害怕自己會尿床的祕密被發現，因此覺得自己永遠無法參加學校的校外旅遊。

許多八、九歲的孩子當面對第一次離家外宿時，都需要大人們主動的協助，就像三歲的孩子需要大人的幫

貼心小叮嚀

當孩子第一次單獨在外面過夜時，父母事前可以做些什麼，減輕孩子的擔憂。首先先從住飯店或民宿開始，訓練孩子習慣不在家裡睡覺的感覺，接著到同學家留宿，然後再慢慢地進入單獨在外過夜。

助才可以離開爸媽去幼稚園或托兒所上課，或是去遊樂場玩。對大多數的孩子而言，這個過程通常是由拜訪其他小朋友的家庭開始，在別人家玩著別人的玩具，和除了自己家人以外的家庭吃飯，這些都是在真正離家外宿之前重要的經歷。全家一起度過的假期，無論是住在飯店、民宿或營地，也是在要離開家，且在其他的家庭當中度過一夜之前，非常重要的步驟。很多孩子藉由留宿在祖父母或是其他親戚的家裡，來練習適應這樣的成長。

　　到了八、九歲這個年紀，孩子的社交生活當中包含了「玩伴」和留宿朋友家。很多孩童希望能夠把握住這樣的機會，但要把自己託付給別人的父母一整夜，這可是向前跨了很大的一步。

　　凱倫和史黛西在學校是最要好的朋友。她們住在同一個社區，常常在對方的家裡流連忘返。凱倫在史黛西的家中有過好幾次的過夜經驗，第一次是這兩個小女孩六歲的時候，凱倫的媽媽因為臨時要前往外公外婆家處理緊急事情，所以詢問史黛西的媽媽是否可以幫她照顧凱倫一、兩天。從那時候開始，凱倫還蠻常留宿於史黛西家，有時是因為媽媽有事要外出，有時是小女生們太過於專注所進行的活動，直到睡覺時間都還捨不得分開。史黛西倒是從來沒有在凱倫家過夜，凱倫有邀請過她，不過史黛西想辦法請媽媽找個理由回絕掉了。她不肯討論這件事情，兩個媽媽也不能理解到底問題出在哪裡。最近，因為寶拉的生日，這兩位小女孩都收到邀請去參加生日派對，並且要在她家過一夜。凱倫

對這件事情感到很興奮，但是史黛西並不想去。她媽媽認為有必要說服史黛西說出她的擔憂。史黛西承認自己很害怕和擔心萬一半夜醒來，爸媽在她不在家時受到了傷害，或是離開家丟下自己不管。史黛西知道自己根本不需要擔心這種事情會發生，而當自己去學校上課的時候，或是爸媽晚上出門由保母照顧自己的時候，她也沒有擔心過爸媽的安危。史黛西說因為在自己家裡，若是有需要，半夜她可以隨時到爸媽房間裡查看他們是否安全無恙。媽媽對於母女角色的顛倒感到相當有趣，但忍住沒有笑出來，反而建議由她來跟凱倫的媽媽討論看看，是不是有什麼方法可以改善。

凱倫的媽媽想到了一個方法，讓史黛西可以在她家練習在外過夜。史黛西可以隨身帶著手機，要是有需要，可以隨時打電話給爸媽。凱倫媽媽也答應，若是在半夜史黛西覺得很驚恐想要回家，她一定會馬上送她回家；還建議不要把這件事情告訴她先生，這樣史黛西就不會覺得尷尬。有了這些保證，史黛西在凱倫家裡度過了一個非常舒適的夜晚。兩個小女孩玩到筋疲力竭，在睡覺前，史黛西打了一通簡短的電話給媽媽，然後就進入香甜的夢鄉，跟在家裡一樣睡得相當安穩。兩個星期之後，這對好朋友一起參加了寶拉的生日派對，史黛西仍帶了手機，不過她想自己應該不會用到。

┃準備好了嗎？

　　如同之前所強調的，潛伏期這段時間在一般的情況下，孩子們會重視例行的活動和可預測的行程。焦慮的程度有時會因為改變而加劇，與孩童所面臨到，學校旅遊要離開，或是和凱倫、史黛西所面臨的狀況相比，這些改變所造成的影響比較沒有那樣嚴苛。針對一般的改變和轉換，孩子們會發展出各式各樣的方式來應付隨之而來的焦慮。有些孩子會花上數小時繪製時間表、日曆和房間配置圖。很多孩子喜歡列名單，這個主要功能是用來涵容他們的焦慮。他們會將朋友逐一列出，感覺有很多的朋友可以讓他們安心。孩子會列下自己的一些規定，讓朋友簽署。他們也會列出運動團隊的名字，表示自己擁有最好的球員或運動員。孩子們還會列出想要得到的生日禮物，以及收到哪些耶誕禮物。當孩子們列出家族旅行想要去的地點時，就不會對於未知的地點感到那麼焦慮。

　　一個八歲小孩可以處理變化的能力與個性有關，且早期在面對改變與分離時的經驗也會有所影響。若在需要離開主要照顧者時是曾受到他人的協助，或是需要離開家時有經過某些步驟循序

> **貼心小叮嚀**
>
> 這個階段的孩子如何處理生活上的改變，與個性和自己早期在面對改變與分離時的經驗有關。最好採循序漸進的方式，可以將擔憂及難過減到最低。

漸進地達到最後目的，孩子便會在內心形成穩固的安全感，這個能力能夠幫助他們更有自信地面對日後所遇到的變化與轉變。然而，焦慮永遠不會消失。每一次的轉變都會引發孩子想起對早期失去與分離的感受。對某些孩子而言，在面對小小的變化時，會很敏感地引起焦慮的反應。這讓學校的生活變成很麻煩的事情，因為學校裡的活動，老師或上課地點總是有變化。有些孩子即使到了九歲，仍需要事先知道即將會發生的變化，以便讓自己可以準備好來面對。

　　例如，像搬家這樣的事件，可能會同時引起九歲孩子們興奮及恐懼的感覺。就像下列描述的克蘿依一樣，她的家人即將要從市中心搬到一個小村莊去。

　　克蘿依滿心期待著搬家，她已經跟所有的好朋友們道別，也去參觀暑假過後就要去就讀的新學校。

　　在搬家的那一天，克蘿依起了個大早，很期待出發的時刻。搬家公司的卡車停在外面，搬家工人開始將所有的家具和打包好的行李搬上車。克蘿依想要確認腳踏車不會被遺留下來，因此她把車子騎到搬家公司的卡車邊，交給搬家工人時。其中一位工人對著同伴眨了下眼睛，然後拉長了臉對著克蘿依說：「親愛的，對不起，我不確定我們能不能幫你載你的腳踏車耶！」。克蘿依轉身把腳踏車騎上了人行道往附近的公園去，她沒有聽到身後搬家工人在叫她。克蘿依的父親發現她坐在一棵大樹底下哭泣，訴

說著她不想要搬家，她喜歡原來的家和原來的學校，這一點都不公平！

　　搬家工人有失判斷的玩笑話讓克蘿依的情緒一洩而出，這些感受原本是她一點都不想碰觸的。克蘿依真心地相信搬家這件事情會是一件有趣的探險旅程——她會有許多收穫，不會失去任何東西。過了一會兒，克蘿依恢復了情緒，認真地向即將要離開的舊房子告別。她的父親很敏銳地感受到女兒的難過，建議把腳踏車放在他們的車上，這樣當克蘿依到達新家的時候，就可以馬上卸下腳踏車出發去探險了。

周玫君／提供

周玫君／提供

第五章

好孩子還是壞孩子？

為什麼有賞罰制度的產生？賞罰對孩子的管教有用嗎？

教室及家裡常見的賞罰方式有哪些？

孩子怎麼看待賞罰制度？對賞罰的反應又如何？

以上種種疑問，都可以透過本章知曉。

近年來有人提出獎賞制度會扼殺孩子潛力的說法，

這是一個值得深思的問題，

也有人提出具體的口頭讚美比物質的獎勵來得更好，你認為呢？

獎賞制度是否無形中給孩子貼上了好孩子或壞孩子的標籤呢？

本章提出了好幾個面向，

讓我們思考和討論。

> 獎懲制度是否會逐漸扼殺孩子們的潛力，仍有許多的爭論。就像任何的貨幣一樣，若是給太多，或太容易獲得，其價值就會貶低。

八歲和九歲的孩子通常都會很急切地想要取悅自己覺得是重要的大人們，或至少不要令他們失望。學校藉由精心設計的獎勵和懲罰系統將這樣的特質善加利用，並且強調在任何可能的時候都該給予孩子適當的獎勵稱讚。

絕大多數的班級激烈上演著孩子們因為好的學業成績表現，或是好的行為表現，而競相爭取大人們的稱讚。較差的學業成績或行為表現會讓老師失望，且可能因此失去了某些特權。

許多學校都規畫有集點數或集貼紙的獎勵方式，讓每一個孩子都可以朝著獎賞的目標去努力。獎勵品可能是有形、具象的，例如：糖果、鉛筆或是錫罐裝的小拼圖，或者可能在「自由活動時間」裡，可以第一個選擇要從事什麼樣的活動。不好的行為表現，例如，缺乏專注力、上課說話或者和同學吵架，對這些偏差行為的罰則，包括扣除點數，或馬上可以執行的懲罰，如縮短遊戲時間。

八、九歲的孩子很快就可以領會這些規則的用意，聰明的孩子還可以輕鬆地將這些賞罰規則玩弄於股掌之間，其他的孩子對永遠都達不到貼紙集點排名的前幾名，或失去貼紙的數量比所得到的要來得多，則感到相當氣餒沮喪。

　　對這樣的制度是否會逐漸扼殺孩子們的潛力，仍有許多的爭論。就像任何的貨幣一樣，若是給太多，或太容易獲得，其價值就會貶低。

教室裡的獎賞方式

　　對於七、八歲的孩子來說，獎賞方式通常是針對全班一起努力而贏得的獎勵，在這個年紀很少是針對單一個體的。其中一個有創意的方式是當老師找到理由可以獎勵班上學生時，就會給他們一顆彈珠，並將彈珠放入教室門口的一個玻璃罐中，當罐子放滿彈珠的時候，全班同學就可以得到一個獎勵。但是，對八、九歲的孩子而言，獎賞方式其實是要鼓勵孩子們更有競爭力的，包括對自己和對其他人，如同下列案例所描述的。

　　在一個八、九歲孩童的班級裡，獎賞方式是每一個學都有一張集點卡（就像咖啡店發的那一種）。一個女

貼心小叮嚀

　　通常教室裡的獎賞較理想的作法是，不特別獎勵稱讚某個孩子，而是針對全班一起努力而得到的成果或好的行為給予獎勵。對於個別表現良好的小孩會在私底下給予讚美，避免造成其他孩子認為只有某某人好，我們都不好的錯誤想法。

**貼心
小叮嚀**

這個年齡的孩子對
於獎賞制度是會給予支
持和熱烈回應的，但必
須要注意到公平性。

學生在發現自己集滿一張卡片，
可以從禮物袋裡換到獎品時大聲
地歡呼。老師說她可以在禮物袋
中挑選一個自己想要的禮物，但
老師沒有看見，當小女生發現老
師沒有再多說些什麼，以及沒有任何人對她所得到的禮物表示感
興趣時，她臉上露出氣餒的表情來。

　　在這個教室中，可以很有趣地看到，當孩子可以兌換禮物
時所展現出的不同反應。有些孩子會高舉著所換到的禮物，心滿
意足地注視著每一位小朋友，有些則是躲躲藏藏地拿了禮物，很
快地收到書包或是夾克口袋裡。在孩子行為反應的背後都有著不
同的理由。有些孩子是真心地感到驕傲，有些則是覺得自己是優
於其他人的。會把獎品藏起來的孩子可能是擔心其他人會羨慕自
己，也可能是害怕有人會偷走獎品，或是覺得自己本來就不應該
得到禮物。他們真的應該得到這些獎勵嗎？他們是不是有作弊？
或者是不是有其他人更值得得到這些禮物呢？

　　在另外一個八、九歲孩童的班級裡，老師會在黑板上登記名
字，在黑板的右邊記下的是表現優異的學生名字，而左邊記下的
是做錯事或表現不好的學生名字。如果你的名字在黑板左邊出現
兩次，就會受到某種的懲罰，例如，下課不能出去玩，或是罰勞
動服務，像是下課後要幫忙整理教室。

　　很明顯地這個獎懲的方式來自於《聖經》裡綿羊與山羊的故

事，也和足球規則一樣，黃牌表示警告，第二張黃牌就會變成紅牌，表示出場。老師會在上課時，不時地停下來提醒學生們黑板上的名單，誰現在位居第一，而兩欄的加總又是多少。這個方式有一個好處，每天放學之前，老師會擦掉這兩行名字，讓每天都是一個新的開始。

孩童們似乎對這個看得到且公開的警告方式反應很好，但有點令人擔心的是，孩童們似乎過於注重左邊這行會被懲罰的欄位，而沒有人在意右邊獎勵的欄位是否有增加新名字。

很難想像一個沒有獎懲制度的教室，但以上兩種方式可以讓我們知道，若是沒有好好掌控這樣的制度，獎勵和懲罰很容易就失去原來的價值。孩子們會對獎賞表現出強烈的慾望，以及為了要獲得獎賞絕對會相互競爭，但是在八、九歲這個年紀，孩子們最關心的其實是公平性，而且通常會熱烈地回應任何獎賞和懲罰的制度。

在家裡的獎賞與懲罰

每個家庭都有管教孩子的不同方式或傳統。當孩子表現好的時候給予讚美，若有不好的行為時則表示不贊同的意見，有些家長覺得這樣就夠了。當然每一個孩子對於讚美的反應都不太一

樣，有些孩子很在意自己是否讓爸媽不高興。有些家庭裡的獎懲方式就跟學校的制度很雷同，孩子可以贏得獎賞，或失去某些權益。家長們會花很長的時間在玩電腦或在看電視的時間上討價還價。上床睡覺的時間可能是最常見的親子爭執，尤其是當家中有不同年紀的手足，會彼此爭吵上床睡覺的先後順序。在某些朋友圈裡，可

以藉由八卦，如誰被「禁足」了，或誰一個星期都不可以玩電動玩具，來在同儕團體中獲得某種的地位。就像在學校裡一樣，獎懲制度可能和情感上的經驗（包括孩子與家長的）完全脫節，而變成討價還價的行為。

八、九歲的孩子對於公平性的認知已經有相當成熟的發展，「這一點都不公平！」是這個年紀孩子最喜歡的答辯詞。若是孩子們覺得自己得到不公平的待遇，或是當其他兄弟姊妹或同學們可以做某些事情，自己卻不行的時候，他們很快就會抱怨了。

對於管教任性沒有禮貌的八、九歲孩子，並沒有萬無一失的獎懲方式。但若是對孩子動之以情，並找出可以驅使他們改變行

為的因素，父母比較有可能找到一個適合的管教方式。孩子們需要知道界限在哪兒，以及會帶來什麼樣的後果，他們也需要了解自己的行為對他人是有影響的，當然也會有人關心。

（上）柯曉東／攝影　（下）周玫君／提供

第六章

學校生活點滴

在本章當中，我們會探討一些關於這個年齡層的孩子
在學校所發生的事、心理的轉折、情緒的起伏及所帶來的影響。

上一章所提到的讚美議題延伸到此章，

透過真實案例分享孩子對讚美的反應，很有趣。

霸凌、說髒話或言語性騷擾等偏差行為

在這裡也有深入的剖析探討。

形成小圈圈是這年紀孩子的社交特色，

他們是根據什麼條件來組成小團體的？

隨著地球村概念的興起，種族認同和文化衝擊也在學校上演著。

如何和特殊學生相處？

本章提供了一些方向——

因認識而不害怕，因了解而包容。

孩子對讚美的反應

在八、九歲的時候，孩子們對於自己是誰，以及自己在家中和其他的社群當中所佔據的位置，開始有了清楚的了解。在八歲到九歲這個階段，孩童漸漸發現自己與其他人之間的不同。此時開始會對某些事情形成較為清楚的觀點，例如，誰比誰聰明、誰比較會畫圖、誰的數學很好或誰很會寫作文等等。他們也開始整理自己在不同的團體當中到底扮演什麼樣的角色。多數的孩子妥協於了解自己並無法在每一件事情上成為「頂尖高手」，不過，希望他們能夠在知道自己的相對優點後放心許多。對極少數的孩子而言，與他人比較是一個非常痛苦的過程。認知到一個人不會在每一件事情上是最厲害的已經是相當難過了，要是與家人的關係也不好，在學校又交不到朋友，這個狀況就會變得無法忍受了。這些孩子可能會想辦法擺脫這樣的不舒服感，而這樣的想法可能又會對自己或他人造成某些攻擊行為，無論是明著來，或是暗地裡使壞。

比利是一個八歲、身材矮小臉色蒼白的小男孩，頂著一頭矗立的金髮，戴著厚厚鏡片的眼鏡。他的學習速度較慢，不過升上這個年級後，閱讀能力慢慢有了進步，但他的寫作能力還是落後許多。比利無法穩穩握住鉛筆，或把字母工整寫在格線上。他的老師非常希望能夠鼓勵比利，只要有機會，就會讚美比利。但這

個方法似乎功效不彰，老師也覺得相當疑惑不知道為何這個方式對比利的幫助不大。當老師稱讚比利的時候，他會移開視線看向別處，雙腳在桌子底下不停地前後交叉，並用手掩蓋住作業簿。

在一次的作文課上，比利寫了一篇關於「鯨魚」的文章，寫得很不錯。老師把握住這次的機會，把比利的作業簿高舉給全班同學看，請大家給比利一點掌聲，因為這篇文章，他可以得到一張金色貼紙。此時，比利的臉漲紅著，雖然他拿走了貼紙，但並沒有把它放進口袋裡。當天晚一點的時候，老師在垃圾桶裡面找到了比利撕成兩半的作文簿，他著實嚇了一大跳，不能理解一個自尊低落的孩子怎麼會覺得讚美是無法忍受的事情。如果這項作業沒有喚起孩子內在的自豪感，這孩子可能會覺得讚美是一種侮辱。比利無法對老師表達出這樣的感受，只好將自己的怒氣和挫折發洩在作業簿上。

傑森的行為就非常不一樣了，表面看來，他似乎不在乎自己的功課表現如何。當老師想要幫他的時候，傑森會左右單腳跳動，堅稱自己已經懂了，說：「嗯！好！好！好！」他似乎沒有發現自己的作業和好朋友的作業在品質上有很大的差異。傑森在閱讀與寫作的能力上有障礙，但要寶時的機智幽默，又娛樂班上同學，尤其是當老師不在，而由助教或是其他老師來代課的時候。班上其他的孩子們喜歡傑森搞笑的行為，但他另外一個習慣卻又深深困擾著大家。傑森覺得要將注意力專注集中在功課上

是非常困難的，他總是向前靠著桌子，把拿鉛筆的那隻手伸到別人的桌面上，並且在其他人的作業簿上快筆塗鴉一番。有時候他還會找個理由在教室裡走動，然後在每一張桌子前停下來，取笑其他人所寫的作業，或是把別人的作業用極快

> 這個階段孩童漸漸發現自己與他人的不同處，也意識到自己不會在每一件事上做到頂尖。父母必須讓孩子知道他有他自己的優點，不一定要跟別人比較。

的速度揉成一團，然後說：「糟糕！對不起唷！」被欺負的學生會向老師告狀，老師便警告傑森，然後告訴受害的學生擦去塗鴉，或重頭再寫一次。這一切看來都相當不公平，但老師著實不知道要如何管教這個反覆無常，讓人又愛又恨的調皮鬼。

在類似的情形下，米瑞安卻有著完全不同的行為。她相當渴望老師的讚美，如果老師沒有讚美她，她就會拿著作業簿在教室裡走來走去，要朋友們稱讚自己。在每一堂課結束的時候，她都會詢問老師是否可以得到一張貼紙，要是老師拒絕，米瑞安就會再去問助教一次同樣的問題。

在耶誕節前的幾個星期，一件奇怪且令人煩惱的事情發生了，班上所有同學的作業簿都從抽屜裡不翼而飛。剛開始的時候老師認為可能是不小心收到別的地方去了，還請班上同學一起花了點時間整理教室。但很快就發現應該是有人把作業簿偷走。老

師針對這件事情還跟全班訓話，但是狀況並沒有改善，於是級任老師就把這件事情報告給該年級的主任老師。年級主任老師寫了一封信給所有的家長。幾天後，米瑞安的媽媽到學校來要求與年級主任老師談談。米瑞安的媽媽非常的難過和生氣，她覺得米瑞安最近的行為舉止有點怪怪的，因此到米瑞安的房間查看了一下，在她的床底下發現了作業簿的碎片，原來是米瑞安因為嫉妒比自己聰明的同學，於是就把作業簿給偷回家了。

如何與特殊學生相處

「特殊需求」這個用詞涵蓋了很廣的範圍，包括在發展上、認知上、行為面上和情緒面上的困難。有些與遺傳基因有關，有些是生理因素，有些則是跟環境有關。在一般的班級當中，可能有著許多一眼就看得出來的不同類型的特殊需求。可能會有一、兩個學生診斷出有注意力不足過動症（ADHD症狀），和一、兩個有亞斯伯格症狀或自閉症狀的孩子。若是特殊學校，可能會有其他障礙的學生，如腦性麻痺、肌肉萎縮或唐氏症。

對於不同類型的「特殊需求」，熟悉症狀會提供很大的幫助，可以減少恐懼和偏見。每個孩子與這些有特殊需求的學童建立關係的方式，全仰賴於早期的經驗和家長的態度，特別是內在世界較為抽象的部分。有些孩子喜歡照顧那些坐輪椅的同學，好

像他們可以把自己軟弱和依賴的
部分，移轉到這些需要幫助的同
學身上。當然很多也是要看這
些需要協助的孩子本身的內在世
界。有些會產生嫉妒和憎恨的感
覺，往往阻礙了他們與其他孩童
建立友善友誼的機會。有些看起
來像「小天使們」，從來不抱
怨，總是壓抑自己的嫉妒與敵意。

> **貼心小叮嚀**
>
> 熟悉了解有特需生的各種症狀，如亞斯伯格症狀、自閉症狀、過動症狀或腦性麻痺及唐氏症等，皆均有助於減少對他們的恐懼和偏見，也就較能夠自在地與他們相處。

　　在潘蜜拉・巴川（Pamela Bartram）所著的《了解特殊孩子的需求》（Understanding Your Young Child with Special Needs，2007）一書當中詳細探討了相關的議題，並提供許多案例，描述如何建立「活潑愉快的情感連結」。

　　少數的孩子可能無法與有障礙的同學相處，最好的方法可能是表現出漠不關心的態度，糟糕的狀況則採取殘酷的行為。他們可能只是無法面對痛苦和悲痛的事實，而想要遠離這些人，更甚者是去攻擊對方。這種狀況相當罕見，不過有可能發生在同儕之間。也有可能發生在父母親是障礙者的狀況裡，就如同下列案例中所描述的。

　　史提夫六歲的時候，父親被診斷出患有多重硬化症。剛開始的時候症狀並不太明顯，因此大人們只告訴史提夫說爸爸有些

時候會不太舒服，所以不能再跟他一起做他們之前常常從事的活動，例如，到公園放風箏。三年後，父親的狀況惡化，相當沮喪。史提夫的媽媽疲於奔命，還需要扛起家計，但她決定要保持樂觀正向的態度。

媽媽期待史提夫仍然愛著父親，不要抱怨這個疾病帶來的限制。有一天，當父親請史提夫到樓上幫他把拖鞋拿下來的時候，相當生氣而且無法控制自己的情緒，史提夫想要對著父親大叫，要他自己站起來去樓上拿拖鞋。他看不起父親的自怨自艾，抱怨自己為什麼要被一個沒有用的父親所拖累。史提夫發現自己竟然想像著要是把父親的柺杖一腳踢開會是什麼感覺。這個想法縈繞在他的腦海裡許久，讓他感覺罪惡深重，他開始討厭自己，晚上也失眠了。

很幸運地，史提夫的外婆介入了這個事件。她看出史提夫滿懷怒氣，女兒和女婿卻沒有發現。她知道對於史提夫而言，失去一個活蹦亂跳的男性楷模是多麼痛苦的一件事情，再加上擔心害怕自己也會成為相同疾病的受害者。史提夫媽媽並不希望外婆提起這件事情，但外婆努力說服媽媽。這幫助了史提夫理解到還是有大人能夠了解自己的感受。之後，他減少對父親的批評，慢慢找到父子倆可以相互陪伴的方式。

▍培養孩子才藝，不好嗎？

　　有些家長付出了相當多的時間、精力和金錢，盡可能提供機會給孩子們。若是發現孩子有某種特殊的才能或潛力，家長常常會把生活重心放在一旁，專心一致地培養孩子，給予他們一切所需的協助，以求達到目標。無論孩子的潛力是在游泳、舞蹈、溜冰、小型賽車或是演奏樂器，家長所做的犧牲都一樣多。

　　這樣單純追求成功的心態可能在某些地方是需要的，但也可能扭曲了一般的家庭生活型態，夾帶了很大的風險。若是這孩子最後成為演奏家，代表國家參加奧林匹克運動會表演或是成為國家代表隊的體育選手，則之前所付出的一切努力都是值得的。然而，也有一些家長會不停地強迫能力相對而言並非頂尖的孩子。舉例來說，在某些表演或舞蹈班的課程上，似乎是依照家長的期望所安排的，而非針對孩子的喜好來設計。目前一般大眾對於名利和名人動向的關切情形讓很多的孩子只想著要出名。這是一個艱鉅的任務，倘若家長可以在追求某種成就時，仍然給予足夠的家庭生活，便是提供孩子最佳的幫助，讓他們可以不與現實脫節，並在感受成功所帶來的興奮感時，也學會如何處理失敗的痛苦。

貼心小叮嚀

　　父母在幫助孩子追求成功時，別忘了他們也需要享受一般家庭生活的樂趣，生命中不單只有「成就」這件事而已。

男女生真的是水火不容嗎？

在這個成長的階段，男生和女生是處於水火不容的狀態下。男孩覺得女生是嬌弱無力或是無知的，而女孩則認為男生不夠敏感體貼或很粗魯。有一群孩子因為布置教室的需要，計畫拍攝班級的團體照，每一個人都要提供一小段的自我介紹，寫下自己的好朋友是誰，以及喜歡和不喜歡的事物。很明顯地所有的女生會列出其他的女同學作為自己的好朋友，且喜歡的都是寵物或是收集芭比娃娃的玩具。男生的好朋友也都是男生，興趣則是運動，或是觀看自己喜歡的足球隊的比賽轉播。當然，也有例外的。有些男生或女生在學校的時候會專注在與同性建立友誼，對異性退避三舍，但是當下午回家後，或是週末的時候，又可以和異性朋友打成一片。表或堂兄弟姊妹們在學校裡可能會互相「視而不見」，但是放假時、家族聚會時，又會很快樂地玩在一起。當然也有不屬於這類型的孩子，他們毅然決然地自處於異性團體當中。最明顯的例子就是喜歡踢足球的女孩會希望加入玩足球的男生團體中。如果她很會踢足球，男孩子們就有可能接納這個女生和他們一起踢足球，不過，在這過程當中，可能會導致其他的女生團體排斥這個女孩子。相同地，也會

貼心小叮嚀

在學校時男女生可能壁壘分明，可是私底下可能又玩成一片，這就是這個階段孩子會做的事。

有男孩子偏好和女生們一起進行較為靜態的活動，在每一個八、九歲孩子的班上，多多少少至少都會有一對男生和女生組成的好朋友，而且兩人看起來是無法分離的。

種族認同與文化衝擊

　　八、九歲的孩子們通常可以知道理解有不同的種族、文化、語言和信仰。他們在理解人與人之間複雜的差異性上的發展尚未臻於健全，而且人際間的裂痕可能是相當粗糙又明顯的。韓森常常主動提起身為索馬利人應當遵循的習俗和信仰。但他的同學們並不能了解韓森這樣做的原因，其實是他在被其他人排擠的時候，讓自己好過一點的做法。同學們只是認為韓森很愛出風頭，因此對他產生報復心理，他們會對著韓森說他是「恐怖份子」，並且取笑班上帶著穆斯林包頭巾的女同學。其他同屬於穆斯林的男同學們覺得自己應該要站出來捍衛相同信仰的女生們。老師有責任要阻止這些因為缺乏充分了解，而讓政治議題在教室裡延燒的狀況。很幸運地，韓森的老師已經準備好要探討這樣的問題了。

　　韓森就讀的學校位於貧民區，有來自世界各地的學生，學生會說的母語有四十多種。這樣的學校如今有著很大的演變，這裡包含了各民族的精神特質，學校的課程安排上也會通盤考量多

當孩子在認同自己族群和文化上產生混淆時，可以透過團體討論的方式，來達到一種文化交流，希望因了解而尊重。這是一條漫長的路，急不來的。

種民族人種的本質，學校會教導孩子各種信仰文化的通則，並顧慮到不同的節慶；在這樣的學校裡，偏見和懷疑可能會比較少些。然而，從另外一個角度來看，孩子可能會覺得自己有著分歧的忠誠度，是應該遵循學校所教導的價值觀，還是該和父母站在同一陣線上？若是和父母相同，可能又是一種無知或排外的態度。

很多虔誠遵守教規或文化守則的家庭中有著很多衝突，而這些衝突可能無法解決。下列描述的案例，是一個信仰錫克教的家庭所遭遇到的事件，媽媽不會講英文，而父親又長年在外。

哈金德的媽媽一直都對自己八歲兒子的禮貌表現感到自豪。她教導兒子要尊敬年長者，當親戚朋友來訪時，兒子總是讓她在大家面前相當有面子。當新學期進行了一半時，哈金德開始有粗魯的態度、常常頂嘴，媽媽著實嚇了一大跳，也感到相當沮喪。他從學校回來後就馬上抱怨，他不想吃媽媽煮的食物，他想要看媽媽覺得不妥當的電視節目，而且他也不想寫功課。當媽媽罵他的時候，哈金德就講英文來表示反抗。當媽媽生氣的時候，哈金德就用雙手捂住耳朵，令媽媽更為惱怒。每天晚上，媽媽都氣得早早叫哈金德回房間去，哈金德就會藐視地聳聳肩。他一點都不

在乎嗎？

　　這情況延續了好幾個星期，哈金德的行為越來越誇張，媽媽也覺得越來越失望和丟臉。她不斷地告訴兒子等父親從印度回來，一定叫父親好好地管教他。媽媽在想是不是可以去學校問問看兒子在學校裡的行為表現如何，但是媽媽對於去學校這件事情總覺得有點膽怯，而且沒有哈金德幫忙翻譯，她不知道要怎麼去處理。一、兩個星期之後，媽媽收到一封來自學校年級主任老師的信函，邀請她去學校和輔導老師談一談。媽媽依時赴約，並在學校翻譯的協助下，有機會和哈金德的老師溝通討論兒子的行為。老師也很擔心哈金德的情況，他的成績一落千丈，上課的時候看起來也很不快樂，老師也發現，哈金德下課的時候不再和班上同學玩在一起，反而會去接近幾個高年級的錫克教男孩們。老師建議由輔導老師進行家庭訪問。

　　在家庭訪問的時候，哈金德終於說出自己也不知道該怎麼辦，他在班上像個局外人，但他又想要忠於自己的民族和文化，加上有些高年級的男生覺得他們不應該講英文，他其實有點害怕。

　　哈金德的行為就像其他發現自己陷入很深的衝突困境當中的孩子一樣。在學校裡，他遠離主流的同儕文化，而認同於與自己相同種族的高年級學生，他希望父親回來的時候，可以因為他而感到驕傲。回到家中，他藉由表現得像一個粗野笨拙的「西方」

男孩，來懲罰媽媽，因為那就是她擔心自己兒子變成的樣子。這兩種說法都不是真的，事實上，哈金德在倫敦長大，他說著兩種語言，身上背負著兩種文化，他承襲了某些當地的文化，但又不想放棄原生民族的特性，哈金德只是需要有人了解他所面臨的困難，以及幫助他找出一個適合他自己和他家庭的應對方法。

▌學校霸凌

當感知到差異性存在時，霸凌的狀況就會浮現。在孩子的學校生活中，很少有人會否認自己曾經遭遇過任何事件的霸凌，有些甚至會承認自己曾經欺負過他人。霸凌始

> **貼心小叮嚀**
>
> 霸凌始於相當簡單的心理動機，通常是潛意識的，這個動機是這樣的：「我不想覺得自己是渺小、可憐或愚笨的。所以我要讓其他人感受到這樣的情緒。」

於相當簡單的心理動機，通常是潛意識的，若是以具體行為展現，就可能對受害者造成很大的傷害。這個動機是這樣的：「我不想覺得自己是渺小、可憐或愚笨的，所以我要讓其他人感受到這樣的情緒。」被欺負的對象可能是體型較為嬌小、較弱、成就較低，或僅只是因為對方是「不一樣」的人。受害對象可能實際上不真的具有這樣的條件，不過，他們深信自己是這樣的，因此

很快也很容易就落入受害者的角色。

霸凌有很多種類型，有些的確是非常嚴重的。學校需要制定清楚的規則，讓所有的孩童都知道這類事件會產生什麼樣的

後果。若是沒有好好處理霸凌事件，欺負同學的孩子會對這種經驗上癮，而其中的賭注則會越來越大，欺負他人的方式也會越來越惡劣極端。霸凌者會被越來越多的「支持者」所圍繞，這些人扮演著保護加害者的角色，防止任何可能的報復行為。在網路上的霸凌更為嚴重，使用網路的加害者，是可以將自己與這些霸凌行為隔絕開來，利用想像自己的行為加諸在被害者身上時對方的反應為何，但不需要真正看到。在一些社交網站上加入霸凌行為的孩子們，並不認為自己是在欺負別人，這種想法是相當無情冷酷的。

早期的介入是控制霸凌的最好時機，然而，維持警戒心只是部分的解決方法，同時也需要讓無論是欺負人的加害者或是被欺負的受害者有機會說出他們的經歷。班上的活動，例如團體小圈圈討論，或是學校中有社交與情緒學習課程，或其他類似的課程，都教導給八、九歲的孩子去思考霸凌行為的意義，以及從自身和他人的經驗當中學習。

說髒話和言語性騷擾

在遊樂場中，語言是比較不受限制的，倘若家長不想要孩子們使用太多髒話或粗俗的俚語，必須花上很大的功夫來規範孩子。電視節目對孩子使用的語言有很大的影響。當爸媽要求八歲的女兒把頭髮梳理整齊時，她的回應是無所謂的聳聳肩說著「隨便」，讓父母大感震驚。很多潛伏期的孩子們會使用在遊樂場或馬路上看到其他人所使用的手勢，但卻不知道那代表什麼意思。孩子們需要別人告訴他們老師不喜歡學生對著他們聳肩，絕對不可以跟任何人比中指，也不可以跟祖母說自己的老師是「那個機車的變態」。

克里斯多福下課時非常高興，因為他遇到班上一群女孩子，且很大膽地對她們說自己想要「和你炒飯」。女孩子們一開始是咯咯地笑著，這更助長了克里斯多福的行為。他繞著女孩子們邊跳舞邊說著：「和你炒飯，和你炒飯，和你炒飯，而且你會很愛！」女孩子們開始覺得有點尷尬，叫他走開。但克里斯多福非常興奮，繼續圍繞在女孩子們旁邊手舞足蹈著。這時，絲薇亞突然哭了起來，她的朋友們圍繞在

貼心小叮嚀

這年紀的孩子飆髒話或說輕薄的話，大都是學來的，不見得知道這些話所代表的真正意思，由此可知大人的身教是多麼的重要啊。

她身邊、抱著她，其中一個女生轉頭對克里斯多福說：「滾開啦！」他卻變得更加興奮地說著：「你說髒話，你說髒話，你說了髒話！」這個時候，看顧操場的老師聽到了吵鬧，走了過來。老師抓住克里斯多福的手臂，領著他往教室裡走去，同時也告訴女孩子們一起跟上。

當克里斯多福的媽

八、九歲的孩子特別容易因為使用誇張的語言，而讓自己陷入麻煩中，這也是家庭與學校之間會產生嚴重誤解的地方，孩子會在這兩者之間挑撥離間，對父母的說詞是這是學校老師教的，對學校的辯解是我爸媽也是這麼說的。所以大人們要給予孩子相當明確的界線，哪些話是不可以說的，或是當他們說出不雅的話時，就應當立刻制止。

媽接獲學校的通知時，非常的生氣，媽媽不能理解到底克里斯多福在想什麼，她把兒子從學校帶回家的路上，一路無語，直到睡覺時間，都沒有跟克利斯多福說上任何一句話，當媽媽送克利斯多福上床時，他淚眼汪汪的，媽媽也不知道該說些什麼。稍晚父親試著跟他談一談，這時他問爸爸：「『和你炒飯』是什麼意思？」原來他對於這個詞句所代表的意思只有很模糊的印象，他不停重複，只因為他曾經聽過其他大男生們在馬路上對著一些女孩子們說。他以為這樣子班上女同學們就會對自己有好感。

八、九歲的孩子特別容易因為使用誇張的語言而讓自己陷入

麻煩當中，這也是家庭與學校之間會產生嚴重誤解的地方。就像孩子會在父母之間，或在父母與祖父母之間挑撥離間，他們可能會堅持某個詞句是學校老師教他們的，或是老師不介意他們使用這個詞句。同樣地，孩子可能表示他們在自己家裡可以說髒話，或使用有性暗示或鄙視他人的詞句。當然，要是孩子來自於一個大人們常常飆髒話的家庭，他們的確會覺得在學校裡要控制自己說出的話是一件相當困難的事情，尤其是當自己在氣頭上或是很興奮的時候。

Jose F. Callañaupa Incaroca／攝影

第七章

流行文化、商品的
特定消費族群

本章提到了流行文化、品牌及3C科技產品對孩子的影響，
進而造成親子間的衝突。
想必爸媽都很有經驗，為了要不要給小孩買手機、
玩電玩或花昂貴的錢去買特定商品。
這時就不得不佩服廠商鋪天蓋地的行銷手段加上媒體的推波助瀾，
很少家長能不屈服的。
但是藉由這樣的過程，父母和孩子學到了什麼？
對於兒童日益肥胖的問題，又該如何解決與控制，
在本章中都有詳盡的描述和深入的探討。

追求品牌及流行事物

自從九〇年代晚期開始，兒童用品商業化的速度加劇，市場上充斥著針對某個年齡層所設計的服飾、玩具、書籍和各式各樣的收集性商品。

到了八歲這個年紀，在西方社會的孩子們通常已是相當成熟的消費者。他們知道市面上有哪些商品，即使家長們禁止他們購買，孩子仍然會看到同學們擁有哪些產品。

每一部電影或暢銷童書都會伴隨著「非買不可」的紀念品。這些商品很多都是塑膠製的主角複製品，也有服飾、圍巾、包包、鉛筆盒等等。一件普通平常的商品，例如尺，只因為一頭有了商標就標上誇張的高價格。也有特定的商品是用來吸引某一個運動俱樂部的支持者，或是吸引某個男孩或女孩歌唱團體的粉絲。有些食品將目標消費族群設定為幼兒，且邀請知名的運動選手或流行歌手進行代言。

收集物品仍然是潛伏期孩子的主要特徵，他們喜歡收集，且把所收集到的物品當作一種與他人建立關係的籌碼。他們可以誇耀自己所擁有的收集品，或拿收集品和別人交換，用其他物品與他人討價還價，藉由贈送自己的收集品給其他沒有的朋友們，

來展現自己的慷慨大方等等。然而，要是壓力很大，或是收集品的價值很昂貴，就會有引起他人前來勒索敲詐或偷竊的危險。學校當局大都鼓勵孩子收集不需要用金錢購買的物品，不過在面臨時下這麼多行銷策略，這是相當難以落實的。很多學校會制定規則，規定孩子們可以攜帶哪些物品到學校，其中電動玩具、手機和MP3等通常都是在禁止攜帶的名單中。

此外，是家長堅持讓孩子的穿著打扮與他的朋友們不一樣，是會讓孩子覺得很尷尬的。而現在這樣的情況越來越多，尤其是對「標籤」或「品牌」的執著狂熱已漸漸滲入了這個年齡層。即使是在八歲這個年紀，球鞋上有沒有一個大家都看得出來的品牌標誌，對孩子來說有很大的關係。有很多的擔心是這個年紀女生的服飾過於強調女性的特質，或是符合時代潮流的「萌」樣打扮。對於女生在青少年時期前流行的延伸，如丁字褲、比基尼上衣、迷你裙等，目前仍有爭議，這樣的趨勢是否將這個年紀的女孩過早性化了，這是需要注意的；對家長和學校而言，也是相當具有挑戰性的議題。

貼心小叮嚀

這年紀的孩子不喜歡跟同儕不一樣，同學有什麼，我也要有，大家談論什麼，我也要能夠加入，因此有時會造成親子之間的衝突。當父母了解孩子的心態之後，在照顧孩子的心情底下，好好溝通，應該是會有幫助的。

▌數位科技帶來的改變

如今，電視機是每個家庭必備的，多數的孩子甚至在自己房間裡也有一台，甚至會覺得自己是唯一一個沒有掌上遊戲機、個人電腦的。體會到數位科技帶來的衝擊之後，家長們似乎開始限制孩童看電視、電動玩具和上網的時間等。但仍須觀察這樣的方式是否有效，以及是否能夠抵擋住逐漸強大的行銷力量狂潮。

不過值得注意的，若是這些電子、數位科技產品的使用方式恰當，對於孩子的生活也是具有相當大的重要性。尤其是對於在潛伏期中期的孩子們，當他們需要從建立關係所帶來的紛擾中暫時休息一下，且花點時間在加強必要技巧的相關知識時。某些電腦軟體或遊戲可以提供一個可以控制的學習環境，而且設下自己可以達成的目標，並用合適的步調節奏來完成。電腦的文書處理軟體可以幫助書寫有困難的小孩，並增強他們的自信心。很多有關藝術的程式軟體，可以激盪孩子的創造力，就如同下列描述的案例。

有一天，學校放假，九歲的蘇和鄰居十歲的泰拉，在蘇的家裡。蘇的媽媽在電腦前面工作，要求蘇和泰拉不要來吵她，讓她可以趕快把工作完成。她們不能看電視，所以覺得很無聊且忿忿不平。葛瑞太太建議她們可以畫圖，或到外面花園裡玩，或是看書。孩子們仍沒好氣地回答她們不知道要做什麼。

　　葛瑞太太非常訝異發現，這兩個小女生有將近兩個小時的時間都沒有來煩她。她暫時離開工作，對把孩子們放在一旁這麼久感到相當的愧疚。看到大人終於有空了，這兩個小女生迫不及待地想要展示她們做了些什麼。她們後來決定畫圖，之後發展成利用卡紙和塑膠小管子做模型。蘇做了一個巫婆，這讓她們想到小紅帽的故事，於是她們很快就做出這個故事中所有的人物，還想著是不是該做一個戲台。但她們突然又有了另外一個想法，她們把這些模型帶到花園裡去拍照，利用花園裡長長的草當作森林場景，鳥兒喝水的盆子當作湖泊，然後還用樹枝建造了外祖母的家。她們用葛瑞太太的相機照了很多照片，現在她們想要把這些照片放到電腦裡，做成檔案播放，甚至已經討論好字幕要寫些什麼了。

　　這個冒險事件中充滿了潛伏期應有的元素，這兩個小女生接近青少年前期的「我很無聊」的狀態，後來她們找到可以一起進行的活動，再度對潛伏期時會關心的事物燃起了興趣。畫圖和剪貼對於潛伏期的孩子們是「安全」的活動，而她們選擇的內容則是長大後便不適用的故事，但這故事中有她們熟悉的一些元素，例如冒險的經歷、有轉折的情節和最後好人戰勝壞人的結局。

> **貼心小叮嚀**
>
> 既然無法遏止3C潮流的蔓延，只好改變策略，善用這些科技產品，但小心不要上癮了。

正視孩童的肥胖問題

　　有研究顯示，現在的孩童攝取了較多會導致肥胖的食物，以及過鹹和過甜的食物；此外孩子的運動量也相對減少。教人不禁懷疑時下的廣告和媒體過於提倡垃圾食物。英國有很多學校設有福利社和自動販賣機，但很多小學已經禁止販賣糖果類的商品，而以水果代替。有些機構提倡「走路上學」的活動，並讓家長組成小組護送孩子上學。事實上除了因為攝取合理足夠的食物和從事適當的運動，讓人較為強壯和健康，適當的飲食與專心學習的能力也有某種程度上的連結。

　　很不幸地，提倡校內健康飲食的活動並沒有在英國所有地區受到立竿見影的效果，很多家長抱怨這個活動是替父母找麻煩，甚至有些人壓根就不相信這些證據和研究結果。對家長而言，要「剝奪」孩子喜歡吃什麼東西的權利是很困難的，尤其是在某些貧窮的社區當中。對學生來說，要在這方面「教育」爸媽也是件不容易的事情，雖然長期來說，孩子在學校的經驗終有一天會影響到家中的飲食和運動習慣。

　　就個體而言，對某些人來說，吃東西仍是快樂幸福的來源；可是對某些人來說，卻是衝突與焦慮產生的地方。到了孩子八、九歲的時候，他們通常對事物的好惡已經有了明顯的主張，吃飯時間就是很多家庭爭吵的最佳場景。提供飲食是養育孩子最基本的任務之一，無論是哪個年紀的孩子都知道要如何讓爸媽焦慮。

一個「挑剔的」九歲孩子的媽媽說道：「他就是知道我的地雷在哪裡。」媽媽還說即使孩子只是小嬰兒的時候也是如此，孩子知道媽媽什麼時候很累，或是過於疲勞，那時候就會花上很長的時間喝奶。相較於吃太多食物，孩子拒吃東西的狀況反而比較讓父

> **貼心小叮嚀**
>
> 飲食和運動是控制體重的不二法門。當孩童的飲食習慣改變太大時，必須注意是否為某些嚴重問題的表徵，像是霸凌、學校的競爭壓力、厭食等等。

母擔心，而且此時通常都需要第三者的介入，其他家庭成員或是專業人士都讓這個同時是父母也是孩子的焦慮狀況不再繼續惡化下去。這個年紀對動物的喜愛可能會讓孩子決定改變吃素，或是突然要求要吃有機食品，或是較為節能減碳的食物。這樣的熱情有些是曇花一現，但也有可能成為一個人在發展過程中的一種特質。

　　吃得少的飲食問題可以利用行為上的技巧來改善，但有些狀況可能是更為嚴重問題的表徵，例如擔心自己的體態、成長、分離或學校裡的競爭狀況等。九歲孩子的飲食習慣若是變化太大，就需要正視。能夠在不同的情況下，取用不同種類的食物，對於正在發展家庭之外社交生活的孩子是相當重要的一件事情。

【結論】

裝大人的時期要結束了

邁入兩位數的年紀是相當重要的里程碑，在某些教育體制中，十歲、十一歲的孩子代表從小學進入初級中學。

從「剛滿八歲」到「接近十歲」的這一段路相當遙遠，而且孩子們會相當期待下一個階段的來臨。然而，無論在哪一個團體當中，當十歲生日快到的時候，無論是在生理上、心理上或情緒上，有些孩子已經準備好要進入下一個階段，而有些孩子則還沒有完全準備好，他們仍然想要停留在潛伏期這段舒適的狀態中。

總而言之，孩子在接近十歲生日的時候，已經相當了解自己是誰，以及自己在家裡、家族和學校當中所扮演的角色是什麼。孩子可以針對自己的優缺點、好惡、想要做什麼或是不想要做什麼，以及關心什麼、又不關心什麼，發展出某種程度的理解。多數「即將十歲」的孩子都知道自己有段歷史故事，而且喜歡聽爸媽或祖父母講述有關自己小時候的事情。他們也開始思考，未來想要達到的成就是什麼，雖然他們的野心可能不切實際，不過至少他們能夠想像自己在大人的世界當中，會扮演什麼樣的角色。

孩子們不再以簡單的角度來看待事物，事情也不是非對即錯，且開始以多種角度來思考事物，甚至檢視自己矛盾的感受。孩子在接近八歲結束的時候，往往會嘗試著展開新的友誼，且開始專注於感受屬於另一個完全不同的小團體會是個什麼樣的感覺。九歲九個月的孩子會開始與父母持相反的意見，他們可能在突然之間變得較不聽話、不順從以及好爭論。在過去的兩、三年之間，他們的精力都花在取得所需要的知識與技能上，現在孩子的注意力需要再度轉移到人與人之間的關係之中。

林柏偉／攝影

Caring

醫生
作者—王竹語
定價—250元

本書是描寫旅美放射腫瘤科醫生溫碧謙經歷喪子之痛，卻依舊堅守崗位拯救病患，並逐漸領悟生命真諦的感人過程。全書所觸及的生死議題，一直都是醫生、心理師、社工師等專業與非專業人士之間最深沉話題，一再撞擊人性深處最細膩微妙的對生死議題的自我檢視。

我的青春，施工中
【台灣少年記事】
作者—王浩威
定價—280元

台灣少年肩頭上的重量，從來就不是父母想的：「把書念好就好」那樣地輕，正如作者王浩威所說的：「許多老問題還是教人憂心忡忡的，許多新問題卻又來不及追趕⋯⋯」。因此他選擇以散文手法訴說台灣少年青春心事，在有感情的訴說裡，呈現出心理醫師與少年們碰撞的真實記錄。

時間等候區
【醫生與病人的希望之旅】
作者—傑若·古柏曼
譯者—鄧伯宸　定價—320元

當疾病來襲，我們進入異於日常生活的「時間等候區」，這時，活著既是生命的延續，也是死亡的進行。當生命與死亡兩者互為觀照、刺激與啟發時，讓人以更誠實的態度面對生命。

醫院裡的危機時刻
【醫療與倫理的對話】
作者—李察·詹納
譯者—蔡錚雲、龔卓軍　定價—300元

透過真實故事，作者細膩生動地描繪了病患、家屬與醫護人員，在面對疾病考驗及醫療決策的倫理難題，藉由不斷的對談與互動，將問題釐清，找出彼此的價值觀與適當的醫療處置。

醫院裡的哲學家
作者—李察·詹納
譯者—譚家瑜　定價—260元

作者不僅在書中為哲學、倫理學、醫學做了最佳詮釋，還帶領讀者親臨醫療現場，實地目睹多位病患必須痛苦面對的醫療難題。

今天不寫病歷
作者—李宇宙　定價—280元

本書集結李醫師多年的專欄文章，內容治醫學、政治、社會觀察、教育、健保議題及個人感悟於一爐，犀利中見關懷，蘊含濃郁的社會意識及豐沛的人文精神。

微笑，跟世界說再見
作者—羅倫斯·山姆斯、彼得·巴頓
譯者—詹碧雲　定價—260元

企業家彼得·巴頓，四十五歲退休，預計多陪陪家人、與人分享創業經驗。就在這時，醫生宣佈他罹患癌症。不過他說「幸好我有時間從容準備，好好跟世界道別。」

眼戲
【失去視力，獲得識見的故事】
作者—亨利·格倫沃
譯者—于而彥、楊淑智　定價—180元

慣於掌握全球動脈的資深新聞人，卻發現自己再也無法看清世界樣貌⋯⋯這突如其來的人生戲碼，徹底改變他對世界的「看」法。

拯救莎曼珊
【逃離童年創傷的復原旅程】
作者—莎曼珊．薇佛
譯者—江麗美　定價—300元

受虐兒莎曼珊的不堪記憶，為她帶來憂鬱的後遺症。為了突破生命困境，她將自己的故事寫下，期望以親身的經歷，幫助人們走向復原之路。

我的筆衣罐
【一個肯納青年的繪畫課】
文字—陳素秋　圖畫—劉俊余
定價—300元

俊余天生無法使用言語溝通，他不明白「因為」「如果」「所以」，他像是個孤單星球，獨自運轉。幸好，他能用畫筆，畫出他心中的美麗星球。

肯納園，
一個愛與夢想的故事
作者—財團法人肯納自閉症基金會、瞿欣
定價—280元

肯納園的信念是「他們雖然特殊，但不表示他們沒有幸福的權利！」透過結合教育、醫療、職訓、養護和社福的多元模式，肯納園為許多家庭播下希望種子。

破牆而出
【我與自閉症、亞斯伯格症共處的日子】
作者—史帝芬．蕭爾
譯者—丁凡　定價—280元

本書不只是作者的自傳，也呈現了作者對亞斯伯格症和肯納症的了解，以及這些疾患對他的影響，並且他是如何用他的知識來協助其他的泛肯納症患者。

慢飛天使
【我與舒安的二十年早療歲月】
作者—林美瑗　定價—260元

每個孩子都是天使，雖然有飛不動的，有殘缺的，但痴心父母依然伸出堅定的大手，恆久守候。本書描述一個無法飛翔的天使，與她的痴心守護者的動人故事。

希望陪妳長大
【一個愛滋爸爸的心願】
作者—鄭鴻　定價—180元

這是一位愛滋爸爸，因為擔心無法陪伴女兒長大，而寫給女兒的書……

瓦礫中的小樹之歌
【921失依孩子的故事】
編著—兒福聯盟基金會、陳斐翡
贊助—ING安泰人壽　定價—250元

這是兒福聯盟的社工們，在過去六年來，透過定期訪視，陪伴地震後失依孩子們成長的珍貴記錄。在書中，可以看見孩子們的堅強、扶養家庭的辛苦，及年輕社工員們的反省與思索。

我埋在土裡的種子
【一位教師的深情記事】
作者—林翠華　定價—350元

東海岸的國中校園裡，她以文學、詩歌和繪畫，輕輕澆灌孩子的心靈。或許，在某個不經意的時節，將有美麗的花朵迎風盛開……

山海日記
作者—黃憲宇　定價—260元

台大心理畢業的替代役男，選擇來到東海岸，當起中輟生的輔導教官。陽光大男孩vs.山海部落的純真孩子們，翻開書頁你會聽見他們共譜的山海歌聲！

德蘭修女
【來作我的光】
編著—布賴恩．克洛迪舒克神父
譯者—駱香潔　定價—420元

德蘭（德蕾莎）修女畢生為赤貧之人奉獻，成為超越宗教的慈悲象徵。然而她的精神生活與掙扎卻鮮為人知。本書收集的文件與信件幫助我們進入修女的內在，深入了解她的聖德。

活著，為了什麼？
作者—以馬內利修女
譯者—華宇　定價—220元

法國最受敬重的女性宗教領袖以馬內利修女，以自身將近一世紀的追尋旅程，真誠地告訴我們：幸福的祕密不在物質或精神之中，唯有愛的行動，生命才能完整展現。

貧窮的富裕
作者—以馬內利修女
譯者—華宇　定價—250元

現年95歲的以馬內利修女，是法國最受敬重的女性宗教領袖。她花了一生的時間服務窮人，跟不公義的世界對抗。本書是她從個人親身經驗出發的思考，文字簡單動人卻充滿智慧和力量，澆灌著現代人最深層的心靈。

國家圖書館出版品預行編目（CIP）資料

6-9歲孩子，為何喜歡裝大人？／柯琳‧艾維斯（Corinne Aves），
碧蒂‧由耶爾（Biddy Youell）作；
楊維玉譯. ── 初版. ── 臺北市：心靈工坊文化, 2012.12
面；公分.──（Grow up；10）
譯自：Understanding 6-7-year-olds；
　　　Understanding 8-9-year-olds
ISBN 978-986-6112-62-1（平裝）
1.兒童發展　2.兒童心理學　3.親子溝通

523.1　　　　　　　　　　　　　　　　　　101024955

Grow-Up　010

6-9歲孩子，為何喜歡裝大人？

Understanding 6-7-year-olds
Understanding 8-9-year-olds

作者─柯琳‧艾維斯（Corinne Aves）
　　　碧蒂‧由耶爾（Biddy Youell）
譯者─楊維玉
審閱─林怡青

出版者─心靈工坊文化事業股份有限公司
發行人─王浩威
總編輯─王桂花　特約編輯─謝碧卿　美術設計─黃玉敏
通訊地址─106台北市信義路四段53巷8號2樓
郵政劃撥─19546215　戶名─心靈工坊文化事業股份有限公司
電話─02）2702-9186　傳真─02）2702-9286
Email─service@psygarden.com.tw　網址─www.psygarden.com.tw

製版‧印刷─彩峰造藝印像股份有限公司
總經銷─大和書報圖書股份有限公司
電話─02）8990-2588　傳真─02）2990-1658
通訊地址─241台北縣新莊市五工五路2號(五股工業區)
初版一刷─2012年12月　定價─300元
初版三刷─2020年1月
ISBN─978-986-6112-62-1

心靈工坊 PsyGarden 書香家族 讀友卡

感謝您購買心靈工坊的叢書，為了加強對您的服務，請您詳填本卡，
直接投入郵筒（免貼郵票）或傳真，我們會珍視您的意見，
並提供您最新的活動訊息，共同以書會友，追求身心靈的創意與成長。

書系編號—GU 010　　　　　書名—6-9歲孩子，為何喜歡裝大人？

姓名＿＿＿＿＿＿＿＿　是否已加入書香家族？ □是　□現在加入

電話（O）＿＿＿＿　（H）＿＿＿＿　手機＿＿＿＿

E-mail＿＿＿＿＿＿　生日　年　月　日

地址 □□□＿＿＿＿＿

服務機構（就讀學校）＿＿＿＿　職稱（系所）＿＿＿＿

您的性別—□1.女 □2.男 □3.其他

婚姻狀況—□1.未婚□2.已婚□3.離婚□4.不婚□5.同志□6.喪偶□7.分居

請問您如何得知這本書？
□1.書店 □2.報章雜誌 □3.廣播電視 □4.親友推介 □5.心靈工坊書訊
□6.廣告DM □7.心靈工坊網站 □8.其他網路媒體 □9.其他

您購買本書的方式？
□1.書店 □2.劃撥郵購 □3.團體訂購 □4.網路訂購 □5.其他

您對本書的意見？

封面設計	□1.須再改進	□2.尚可	□3.滿意	□4.非常滿意
版面編排	□1.須再改進	□2.尚可	□3.滿意	□4.非常滿意
內容	□1.須再改進	□2.尚可	□3.滿意	□4.非常滿意
文筆／翻譯	□1.須再改進	□2.尚可	□3.滿意	□4.非常滿意
價格	□1.須再改進	□2.尚可	□3.滿意	□4.非常滿意

您對我們有何建議？
＿＿＿＿＿＿＿＿＿＿＿＿＿＿＿＿
＿＿＿＿＿＿＿＿＿＿＿＿＿＿＿＿

▲您的意見，我們將轉貼在心靈工坊網站上，www.psygarden.com.tw

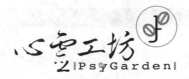

10684 台北市信義路四段53巷8號2樓
讀者服務組　收

免　貼　郵　票

（對折線）

加入心靈工坊書香家族會員
共享知識的盛宴，成長的喜悅

請寄回這張回函卡（免貼郵票），
您就成為心靈工坊的書香家族會員，您將可以——

隨時收到新書出版和活動訊息
．．．．．．．．．．．．．．．．．．．．．．．．．．．．．
獲得各項回饋和優惠方案
．．．．．．．．．．．．．．．．．．．．．．．．．